AF345586

9 789383 282784

منٹو اور چچا سام

(منٹو کے خط چچا سام کے نام)

مرتب

محمد اسلم پرویز

ایم۔ آر۔ پبلی کیشنز، دہلی

نامِ کتاب	:	منٹو اور چچا سام (منٹو کے خط چچا سام کے نام)
مرتب	:	محمد اسلم پرویز (parvez45@gmail.com)
اشاعت	:	۲۰۱۵ء
سرورق	:	ایم۔غالب
کمپیوٹر گرافی و طباعت	:	مولانا مطیع الرحمن
قیمت	:	
ناشر	:	ایم۔آر۔ پبلی کیشنز، دہلی

ملنے کا پتہ

☆ مکتبہ جامعہ لمیٹیڈ ن ء دہلی، علی گڑھ ممبئی
☆ سیفی بک ایجنسی، امین بلڈنگ ابراہیم رحمت اللہ روڈ ممبئی۔۳
☆ کتاب دار، جلال منزل، ٹیمکر محلہ ممبئی

منٹو صاحب!

آپ کے ان خطوط کی رسید
آپ کے بھتیجے
ساجد رشید
کے حوالے کر رہا ہوں

محمد اسلم پرویز
۲۶؍فروری، ۲۰۱۵ء

اپنی بات

موپاساں کے افسانہ کے حوالے سے ہونے والی بحث کے دوران منٹو نے ایک بار بھٹرک کر احمد ندیم قاسمی سے کہا تھا:

’’تم کسانوں کی کہانیاں لکھ لیتے ہو تو یہ ضروری نہیں کہ تم کسان عورتوں کی نفسیات بھی سمجھ سکو۔ عورت پر لکھنے کے لیے عورت بن جانا پڑتا ہے ... احمد ندیم قاسمی بات یہ ہے کہ تم ادب کے وزیرِ خارجہ ہو اور ہم ادب کے وزیرِ داخلہ ہیں۔‘‘

ادب کے وزیرِ داخلہ ہونے کی بات منٹو غالباً بحث میں اپنے موقف کو مضبوط کرنے کے لیے کہہ رہا تھا جبکہ میرے خیال میں اس کی فنکارانہ سرشت کو اس طرح نہ تو کسی ایک مخصوص وزارت کے تابع لایا جا سکتا ہے اور نہ ہی مختلف قلمدانوں میں تقسیم کیا جا سکتا۔ چہ جائیکہ منٹو کے یہاں ایسی تحریروں کی بھی قابلِ قدر تعداد موجود ہے جن کا براہِ راست تعلق ’’اسٹیٹ‘‘ کی وزارتِ خارجہ سے ہے، لیکن اس کے وہ افسانے جو مرد عورتوں کے رشتوں پر محیط ہیں، انہیں بھی سماجی و سیاسی سروکار سے کاٹ کر نہیں دیکھا جا سکتا۔ کسی بھی تخلیقی تجربہ میں منٹو اپنے وقت کے سوالوں اور حوالوں سے کترا کر نکلنے کی کوشش نہیں کرتا۔ حسن عسکری نے منٹو کو ایک طرزِ حیات قرار دیتے ہوئے کہا تھا کہ اسے ہر چیز محسوس کرنے کا شوق تھا، بلکہ مجبوری تھی۔ یہ

وہی شوق اور مجبوری تھی جو اسے وزارتِ خارجہ کے قلمدان سے سبکدوش ہونے نہیں دیتی تھی۔ اس کی ہر تحریر ایک خیال، ایک جرح ہے... اعلان شدہ یا غیر اعلان شدہ... داخلی سچائی کے احساس سے مالا مال... ''چچا سام کے نام خطوط'' کے عنوان سے لکھی گئی ان تحریروں میں لاابالی، باغی، بے لگام، منہ پھٹ اور صاف گو بھتیجے کے کاسٹیوم میں ہماری ملاقات ایک ایسے فنکار سے ہوتی ہے، جس کا ضمیر اس سے وہ سوال پوچھنے سے نہیں ہچکچاتا جس کی تحویل میں مملکت کے سماجی، سیاسی، انتظامی، تہذیبی، ثقافتی، مذہبی، اخلاقی، ذہنی اور جذباتی اُمور آتے ہیں۔ ہمیں چونکانے اور چوکنا کر دینے والے ان سوالات کا برصغیر اور عالمی سیاسی منظر نامے سے رشتہ جتنا واضح ہے اتنا گہرا بھی ہے اور معنی خیز بھی...

کسی بھی فنکار کے اصل قد کو جانچنے اور ناپنے کے لیے اس کی نمائندہ تحریروں کو ہی میزان بنایا جاتا ہے۔ منٹو کے ساتھ بھی ایسا ہی ہوا کہ اس کے گنے چنے افسانوں کو نئے نئے باٹوں سے تولنے اور فن کی کسوٹی پر کسنے کی کوشش گزشتہ کئی دہائیوں سے ہمارے یہاں جاری ہے۔ جس کی وجہ سے وہی گنے چنے افسانے منٹو کے فن کا شناختی کارڈ بن کر رہ گئے ہیں۔ لیکن ''پورا منٹو'' تک رسائی حاصل کرنے کے لیے اس کی نمائندہ تحریروں کی کمک میرے خیال میں کافی نہیں۔ لہٰذا ان تحریروں سے بھی رجوع ہونا لازمی ہے جو نمائندہ کی ذیل میں نہیں آتیں، لیکن جن میں اس کا جنیس جابجا اپنی جھلک دکھاتا ہے۔ اپنے باغیانہ تیور، خلاقانہ قوت اور زندگی پر گہری گرفت کے کارن ساٹھ ستّر سال قبل لکھے گئے یہ خطوط منٹو اور منٹو کے عہد کے بارے میں آج بھی ہمیں بہت سی ایسی باتیں بتاتے ہیں اور واشگاف طریقے سے بتاتے ہیں جن کے متعلق اس کی نمائندہ تحریریں یا تو خاموش ہیں یا پھر بہت مبہم اور موہوم اشارے کرتی ہیں۔

چچا سام کے نام لکھے گئے منٹو کے یہ خطوط ''اوپر نیچے اور درمیان'' میں شامل ہیں لیکن انہیں الگ سے کتابی شکل میں مہیا کرانے کی ضرورت اس لیے محسوس ہوئی کہ منٹو کے دوسرے مضامین کی طرح انہیں بھی اب تک ہلکے پھلکے مضامین کے طور پر پڑھا جاتا رہا۔ مجھے اعتراف ہے کہ ایک خاص معنی میں یہ ہلکے پھلکے ہی ہیں، لیکن غور و فکر کرنے کے عنصر سے یکسر خالی نہیں۔

مذاق کے پردے میں نہایت سنجیدہ بات کہہ جانا منٹو کا فرّ اڈ ہی ہے۔

میرا ملال یہ ہے کہ سرحد کے دونوں طرف یہ خطوط ناقدانہ نارسائیوں کا نشانہ بنے رہے۔ ہمارے یہاں نقادوں کی بے منصفی نے انہیں نظر انداز کیا تو پاکستان میں یہ خطوط بجائے خود نقادوں کی نارسائیوں کو طشت از بام کرنے کا بہانہ بن گئے۔ یہ خطوط ہماری تاریخ سے ہی نہیں ہماری تقدیر سے بھی کس طرح مطابقت رکھتے ہیں اس بات کی تفہیم کی بے لوث کوشش وہاں دکھائی نہیں دیتی۔ اس کتاب کی اشاعت کا مقصد فقط اس کھڑکی کو کھولنا ہے جس کی طرف منٹو بار بار اشارے کر رہا تھا۔ اگر ایسا ہوتا ہے تو میں سمجھوں گا کہ میری محنت ٹھکانے لگی۔

’’آپ کا سعادت حسن منٹو‘‘ کے بعد میری مرتب کردہ یہ دوسری کتاب ہے، جسے ’’ایم.آر.پبلی کیشنز‘‘ شائع کر رہا ہے۔ اس کتاب کی ترتیب اور اشاعت کے سلسلے میں سلام بن رزاق، شمس الحق عثمانی، خالد قادری، الیاس شوقی، منیرہ سورتی نے مشورے دیے، نیز شاہد ندیم اور شاداب رشید نے کتاب کی ترتیب اور پروف پڑھنے میں میری مدد کی میں ان تمام احباب کا ممنون ہوں کہ یہ لوگ میری مدد کے لیے ہمیشہ تیار رہتے ہیں۔

محمد اسلم پرویز

محمد اسلم پرویز

چچا سام، منٹو اور پاکستان
ایک بازیافت

اپنے بارے میں منٹو نے کہیں لکھا تھا کہ وہ اخبار نہیں پڑھتا اور سیاست سے اسے اتنی ہی دلچسپی ہے جتنی مہاتما گاندھی کو فلموں سے۔۔۔ فلمیں مہاتما گاندھی کے لیے شجرِ ممنوعہ رہی ہوں، تو رہی ہوں، لیکن سیاسی موضوعات منٹو کے لیے کبھی اچھوت نہیں رہے۔ منٹو کی ادبی روایت سیاست سے نہ گھبراتی تھی اور نہ ہی اپنے گرد و پیش سے بے خبر رہتی تھی، حالانکہ ایسے افسانے اس کے یہاں کم ملتے ہیں جنہیں ہم خالص سیاسی افسانوں کی فہرست میں شامل کر سکیں۔ اس وقت جب ایک طرف ملک میں آزادی کی تحریک اپنے عروج پر پہنچ چکی تھی اور غیر منقسم ہندوستان میں فرقہ وارانہ منافرت بٹوارے کا بلو پرنٹ تیار کر رہی تھی، دوسری طرف پوری دنیا دوسری جنگِ عظیم سے نبرد آزما تھی، حیرت ہوتی ہے کہ اس دوران یعنی 1937ء سے 1948ء کے دوران احمد ندیم قاسمی کے نام لکھے گئے منٹو کے 93 خطوط میں عالمِ انسان میں رونما ہونے والے انقلابی تغیرات کے کسی پہلو کی صراحت نہیں ملتی البتہ ایک جگہ ہیروشیما بم دھماکے کے حوالے سے منٹو زندگی کی بے معنویت پر اڑتا ہوا فقرہ کہتا ہے اور بس۔۔۔

ایک حساس فنکار ہونے کی حیثیت سے منٹو کا رشتہ اپنے آس پاس کی دنیا سے کس قدر مضبوط تھا اس کا اندازہ احمد ندیم قاسمی کو لکھے خطوں کے بجائے ان خطوط سے لگایا جا سکتا ہے جو منٹو نے چچا سام کے نام لکھے تھے۔ گو کہ یہ صحافیانہ ضرورتوں کے تحت لکھے گئے لیکن یہ رات گئی بات گئی‘ والی مثل اور نسل کا متن نہیں بلکہ اس میں ادب اور صحافت کا ایک نیا رشتہ آکار لیتا ہوا محسوس ہوتا ہے۔ بادی النظر میں یہ لگتا ہے کہ منٹو نے ان خطوط میں امریکی سامراج کے عزائم اور امریکی حکمت عملی پر طنز و مزاح کے رنگ میں کہیں سوالات اٹھائے ہیں، کہیں سوالات کے جوابات دینے کی کوشش کی ہے اور کہیں سوالات کے جوابات میں جو دشواریاں اور پیچیدگیاں ہیں ان کی جانب اشارہ کرنے پر اکتفا کیا ہے، لیکن غور کریں تو آکار لیتی مملکتِ خداداد میں وہ ان چیزوں پر بھی سوالیہ نشان ثبت کرتا جا رہا تھا جو بنی بنائی صداقتوں اور گڑھے گڑھائے جوابوں کے pattern میں اس کے آس پاس اور اندرون موجود تھے۔ نوزائیدہ مملکت کو ہی معلوم ہوتا ہے کہ وہ ایک سوالیہ نشان کی شکل میں دیکھ رہا تھا۔ میرے خیال میں ان خطوط کی طاقت سوال اٹھانے کے جذبے اور اس کے آداب میں بھی پنہاں ہے۔

جس وقت منٹو نے چچا سام کے نام یہ خطوط لکھے وہ اپنی تخلیقی زندگی کے بہترین اور نجی زندگی کے بدترین دنوں سے گزر رہا تھا۔ یہی وقت تھا جب ترقی پسندوں کی مخالفت کے ساتھ ساتھ وہ فحاشی کے مقدمات بھگت رہا تھا اور ایک عجیب قسم کی دانشورانہ تنہائی سے دو چار تھا۔ محض شراب کی ایک بوتل اور اپنے گھر کی کفالت کے لیے روزانہ اسے افسانہ یا مضمون لکھنا پڑ رہا تھا۔ معاشرے میں ادب کو پیشے کے طور پر اختیار کرنا کس قدر مشکل تھا لیکن منٹو کے پاس سوائے اس کے کوئی چارہ بھی نہ تھا۔ چنانچہ اس نے ریڈیو اور اخبارات کے لیے لکھنا شروع کیا۔ کہتے ہیں اخبارات، رسائل اور ریڈیو کی ضرورتوں اور تقاضوں کے تحت لکھی جانے والی غیر ادبی، صحافتی، فلمی اور فرمائشی تحریروں کو خود منٹو ”سیٹھ کا مال“ گردانتا تھا۔ آڈن نے اپنے مضامین کی کسی کتاب کے پیش لفظ میں لکھا تھا کہ یہ مضامین مکان کا کرایہ اور بجلی کا بل وغیرہ کے لیے لکھے گئے ہیں لہذا انہیں سنجیدگی سے نہ پڑھا جائے۔ منٹو نے سات روپئے فی کالم کے

حساب سے لکھے جانے والے ان مضامین کی بابت اس طرح کی کوئی بات نہیں لکھی کیونکہ وہ جانتا تھا جنہیں وہ ''سیٹھ کا مال'' کہہ رہا ہے اس میں ایسا بھی بہت کچھ ہے جو سیٹھ کا نہیں ادب کا مال ہے ... ہر طرح کے جبر سے نجات کی تخلیقی صورت ... دلچسپ بات یہ ہے کہ ''ٹیٹوال کا کتّا''، ''یزید''، ''سن 1919ء کی ایک بات'' اور ''آخری سیلوٹ'' جیسے سیاسی موضوعات سے تاک جھانک کرنے والے افسانے بھی منٹو نے اسی دور میں لکھے۔

ان سیاسی افسانوں سے قطع نظر چچا سام کے نام منٹو کے یہ نو خط اس وقت کی ہی یادگار ہیں اور اس کی کتاب ''اوپر، نیچے اور درمیان'' میں شامل ہیں۔ پہلا خط 18 دسمبر 1951ء کو لکھا گیا، جبکہ آخری خط پر 126 اپریل 1954ء کی تاریخ درج ہے۔ اس ایک طرفہ خط و کتابت کا کوئی شیڈول یا نظام العمل نہیں تھا۔ ممکن ہے اقتصادی ضروریات کے اصرارِ بے حد کی تلوار اگر منٹو کے سر پر لٹکی نہ ہوتی تو یہ خطوط لکھے ہی نہ جاتے لیکن یہ بھی سچ ہے کہ سیاسی، سماجی یا ثقافتی منظر نامے پر ہونے والے واقعات کے اخلاقی اور تخلیقی دباؤ نے بھی اسے چچا سام سے مکالمہ پر مجبور کیا تھا۔ چچا سام حکومتِ جمہوریہ امریکہ کا مزاحیہ نام ہے جو 1812ء کی لڑائی کے بعد وضع ہوا اور بعد ازاں metaphor کی صورت اختیار کر گیا۔ کرافٹ کے اعتبار سے یہ خطوط اس کی افسانہ نگاری کا ہی ایک حصّہ ہیں اور مضامین کے اکیڈمک ڈسپلن اور ڈھانچے کو رّد کرتے ہوئے قصہ گوئی کے سرسری اور ڈھیلے ڈھالے چوکھٹے میں لکھے گئے ہیں۔

بے شک منٹو کی شہرت کی اساس افسانہ نگاری پر استوار ہے اور اس کی فنی شخصیت کا بلیغ تر اظہار افسانوں میں ہی ہوا ہے لیکن اس کے تحریر کردہ خاکے، ڈرامے، مضامین اور خطوط بھی اس کی جینیس کے آئینہ دار ہیں۔ گزشتہ دو تین دہائیوں میں اس کے افسانے کی ناقدین کی خاطر خواہ توجہ حاصل کرنے میں کامیاب رہے لیکن اس کے ڈراموں، خاکوں، مضامین، تراجم اور خطوط کو نگاہِ کم سے دیکھنے کا جواز ابھی تک ہمارے پاس موجود نہیں ہے اور یہ اپنے واجب حق کے لیے اب بھی ترس رہے ہیں ... خاکوں اور خطوط پر تو دو چار ڈھنگ کے مضامین مل جاتے ہیں لیکن اس کے تحریر کردہ مضامین تو اس سے بھی محروم ہیں۔ حیرت کی بات یہ ہے کہ

وارث علوی جیسا منٹو شناس نقّاد بھی چچا سام کے ان خطوط کو صحافتی، سطحی اور پھسپھسا قرار دے کر ایک طرف ڈال دیتا ہے۔ ان کے خیال میں ان خطوط میں منٹو کا طنز سیٹھا اور مزاح پھیکا ہے۔ منٹو کے مضامین پر اپنی ایک مختصر تحریر میں وہ لکھتے ہیں چچا سام کے نام میں بھی نری صحافت ہے، ظرافت میں زیرِ لب مسکراہٹ کا، بیان میں بین السطور اشاریت کا اور طنز میں بذلہ سنجی کا فقدان ہے۔''

جبکہ حقیقت یہ ہے کہ ''دیکھ کبیرا رویا''، ''دو گڑھے''، ''ترقی پسند قبرستان''، ''کرچیں اور کرچیاں''، ''داڑھی، مونچھ برقع اَن لمیٹیڈ'' اور ''سویرے جو آنکھ کھلی میری'' میں جس طرح منٹو اپنے سماجی و سیاسی مشاہدات سے لطیفے اخذ کر رہا تھا اس کی کچھ دھڑکتی ہوئی تصویریں ان خطوط میں بھی جا بجا ملتی ہیں۔ چچا سام کے نام خطوط میں منٹو کے کئی مشاہدات ایسے ہیں جن پر سنجیدہ بحث ہو سکتی تھی، ہونی چاہئے تھی... لیکن نہیں ہوئی۔ اسے تجاہل عارفانہ کہیں یا ادبی تعصب...

''منٹو کے مضامین'' پر جو طویل مقالہ ڈاکٹر انوار احمد نے تحریر کیا اس میں چچا سام کے نام لکھے ان نو خطوط کو محض چار سطروں میں رفع دفع کر دیا... سوال یہ ہے کہ چچا سام پر گفتگو کرتے وقت ہماری تنقید گونگی کیوں ہو جاتی ہے یا پھر تتلانے کیوں لگتی ہے...؟ ادب کے طالب علم کی حیثیت سے ایک شک ذہن میں ضرور ابھرتا ہے کہ کہیں ایسا تو نہیں Controversial porn zone مان کر ان خطوط سے شعوری طور پر دور بھاگنے میں ہی عافیت دیکھی گئی ۔ ۔ ۔؟

منٹو کی یہ تحریریں جنہیں ایک زمانے تک لائق توجہ اور قابلِ ذکر چیز نہیں سمجھا گیا گزشتہ ایک سال سے اچانک توجہ کا مرکز بن گئی ہیں۔ حیرت کی بات یہ ہے کہ ان خطوط کو اب سے پہلے تک نہ تو منٹو کی پاکستانیت کا گن گان کرنے والے ادیبوں اور نقادوں نے قابلِ اعتنا سمجھا اور نہ ہی ہندوستان کے کسی منٹو شناس نقّاد نے انہیں کھنگالنے یا کریدنے کی ضرورت محسوس کی... بقول بلراج مین رالیزی فلیمنگ نے اپنی کتاب '' the life and works of

''Manto'' میں دوسطریں تو چھوڑیے ایک لفظ تک ان خطوط پر خرچ کرنا گوارا نہیں کیا۔ امریکی صدر کے نام استہزا یہ اسلوب میں لکھے گئے منٹو کے ان خطوط پر ایک فرنگی ادیبہ کی وجہ خاموشی جتنی عیاں ہے اتنی ہی چچا سام کے نام منٹو کے ان خطوط سے پاکستانی ادیبوں کی حالیہ دلچسپی کا جواز بھی نہاں نہیں۔ نعیم رضا، عائشہ صدیقہ، زاہدہ حنا، محمد منشا یاد اور دوسرے پاکستانی ادیبوں، صحافیوں اور ناقدوں کو ساٹھ ستر سال قبل منٹو کے یہ خطوط ان دنوں بے طرح یاد آ رہے ہیں اور ان کی پڑھت اور نئی پڑھت، وچار اور پرچار کا سلسلہ جاری ہے۔ آج جبکہ پاکستان اور امریکہ کے رشتے اس قدر خراب ہو چکے ہیں کہ پاکستان کا بچّہ بچّہ امریکہ کو اپنا دشمن سمجھ رہا ہے ایسے حالات میں پاکستانی ادیبوں کا ان خطوط کے حوالے سے منٹو کی فنکارانہ شناخت اور اس کی اہمیت کے اعتراف میں فکری گرم جوشی بھی موجودہ سیاسی صورتحال کا مظہر ہے۔ تو گویا یہ مضامین بھی ان خطوط کی مبسوط تفہیم سے معذور ہیں اور تحسین ناشناسی کی ایک دوسری ہی داستان بیان کرتے ہیں۔ ان مضامین میں منٹو کی عالمی سیاست سے متعلق بصیرت اور دور رس نگاہوں کو جس طرح سراہا گیا ہے اس میں ترقی پسند برانڈ عصری آگہی کی گندھ محسوس ہوتی ہے۔ گو کہ الفاظ بدلے ہوئے ہیں لیکن ان خطوط کی قدر و قیمت کے تعین کے پیچھے منٹو کے فنکارانہ تخیّل کو عصری حسیّت کے اسی باہری کھونٹے سے باندھنے کی کوشش کی گئی جو ترقی پسندوں کا وطیرہ رہا ہے۔ اس میں یہ شبہ نہیں کہ یہ خطوط پاکستان کے ابتدائی دنوں کو بہت اچھی طرح reflect کرتے ہیں اور آج بھی relevent ہیں اور خاص بات یہ کہ زیرِ بحث خطوط نئے عالمی تناظر میں پاک۔امریکی رشتے پر روشنی ہی نہیں ڈالتے بلکہ اس گلوبل ڈسکورس پر بھی بحث کرتے ہیں جو نام نہاد امریکن امپیریلزم سے عبارت ہے۔ لیکن وہ کون سے عوامل تھے جن کے باعث چچا سام کو خط لکھنے کے لیے منٹو خود کو مجبور پا رہا تھا، ان کی نشاندہی ان مضامین میں نہیں ملتی۔ زیادہ تر تحریریں پاکستان امریکی رشتوں کی سیاسی مباحث میں لت پت ہیں۔ یہاں یہ سوال قائم کیا جا سکتا ہے کہ کیا ان خطوط کی معنویت امریکہ اور پاکستان کے بگڑے اور بگڑتے ہوئے تعلقات کے پس منظر میں مضمر ہے یا پھر اس کا کوئی فنی پہلو بھی

ہے...؟ اگر مان لیا جائے کہ ان دو ملکوں کے مابین تعلقات نہیں بگڑتے تو کیا ان خطوط کا مطالعہ اسی پُرشوق نظروں سے کیا جاتا یا پھر صحافت کا ڈسٹ بین ان کا مقدر ٹھہرتا؟

بے شک منٹو کے مشاہدے اور معائنے کا طریقہ کار اور پیرایہء اظہار ٹھوس سماجی ہے لیکن انہیں سماجی دستاویز کے طور پر پڑھنا یا پرکھنا ادب کو ریاست اور سیاست کی نو آبادی بنانے کے مترادف ہوگا۔ منٹو کے یہاں تخلیقی و معنوی امکانات میں وہ وسعتیں اور کھلا پن ہے جو بدلتی ہوئی صورتحال کے ساتھ اپنے contextual حوالوں کے مراکز بھی بدلتا رہتا ہے، لیکن خطوط کی تحقیر اور تحسین کا جواز سیاسی و سماجی حالات میں تلاش کرنے والے عموماً اس چوتھے کھونٹ کو دیکھنے سے محروم رہتے ہیں جو متن کو نئے تناظر عطا کر کے معنی کی توسیع کرتا ہے۔ لب لباب اس بحث کا یہ ہے کہ یہ خطوط جس زاویے سے ہمارے تجربے کا حصّہ بن رہے ہیں اس کی معنویت کو متن کے باہر ہی نہیں بلکہ متن کے بطن میں بھی ڈھونڈنا ہوگا۔ معمولی چیزوں کو غیر معمولی اہمیت دینے کی فنکارانہ سرشت ہی منٹو کو ماچس کی ڈبیہ میں بارود کے ڈھیر کا سراغ لگانے پر مجبور کر رہی تھی۔ دیکھئے چچا سام کو مخاطب کرتے ہوئے منٹو کس طرح اپنی گہری باطنی نظر اور سیاسی و سماجی شعور کے ذریعہ پاکستان کا نقشہ بیان کر رہا تھا:

ایک بات اور... یہ خط ملتے ہی امریکی ماچسوں کا ایک جہاز روانہ کر دیجئے... یہاں جو ماچس بنی ہے، اس کو جلانے کے لیے ایرانی ماچس خریدنی پڑتی ہے لیکن آدھی ختم ہونے کے بعد یہ بیکار ہو جاتی ہے اور بقایا تیلیاں جلانے کے لیے روسی ماچس لینی پڑتی ہے جو پٹاخے زیادہ چھوڑتی ہے جلتی کم ہے۔'' (چچا سام کے نام تیسرا خط)

چونکہ منٹو بہت receptive تھا اور ہر قسم کے تجربے اور جذبے کو جسم عطا کرنے کی ترغیب اس کا پیچھا نہیں چھوڑتی تھی، اسی لیے حسن عسکری نے اسے احساس کی ایک ایسی مشین کہا تھا جو خود بخود کام کرتی ہے۔ کہنے کی ضرورت نہیں کہ ان خطوط کے ڈیزائن میں ہی کچھ ایسے نقوش موجود ہیں جو انسان کے بنیادی concern کو بیان کرتے ہیں۔ اپنے ایک خط میں

پطرس بخاری کے مضمون ''لاہور کا جغرافیہ'' کے حوالے سے منٹو ڈھال سے چال کا اور چال سے ڈھال کا کام لینے والے چچا سام سے درخواست کرتا نظر آتا ہے کہ وہ امریکہ کا جغرافیہ بھی پطرس سے لکھوائیں اور اس کا روسی ترجمہ کروا کر ماموں مالنکوف کو بھجوائیں تا کہ پوری دنیا کے ساتھ ساتھ روس بھی چچا سام کے حدود اربعہ سے واقف ہو سکے۔ منٹو کی مشاہداتی نظر امریکہ کے جغرافیہ کے روسی ترجمہ کے حوالے سے اس زمانے کے عالمی منظر نامہ میں تیسری دنیا کی سیاسی حیثیت کو متعین کر رہی تھی۔ ایک اور خط میں وہ لکھتا ہے:

سنا ہے آپ نے ہائیڈروجن بم صرف اس لیے بنایا ہے کہ دنیا میں مکمل امن و امان قائم ہو جائے... یوں تو اللہ کی اللہ ہی بہتر جانتا ہے، لیکن مجھے آپ کی بات کا یقین ہے۔ ایک اس لیے کہ میں نے آپ کا گندم کھایا ہے، اور پھر میں آپ کا بھتیجا ہوں۔ بزرگوں کی بات یوں بھی چھوٹوں کو فوراً ماننی چاہیے، لیکن میں پوچھتا ہوں، اگر آپ نے دنیا میں امن و امان قائم کر دیا تو دنیا کتنی چھوٹی ہو جائے گی۔ میرا مطلب ہے کتنے ملک صفحہ ہستی سے نیست و نابود ہوں گے۔ میری بھتیجی جو اسکول میں پڑھتی ہے کل مجھ سے دنیا کا نقشہ بنانے کو کہہ رہی تھی۔ میں نے اس سے کہا:''ابھی نہیں ... پہلے مجھے چچا جان سے بات کر لینے دو.... ان سے پوچھ لوں۔ کون سا ملک رہے گا اور کون سا نہیں رہے گا، پھر بنا دوں گا۔''(چچا سام کے نام پانچواں خط)

ظاہر ہے منٹو کوئی نجومی یا دانشور تھانہ ہی wikileaks یا memogate جیسا کوئی ہائپر لنک ویب سائٹ یا نیوز کیبل نیٹ ورک اس کی دست رس میں تھا۔ مگر اپنے معاشرے کے لیے آنے والے خطرات کا نبّاض اور زیرِ سطح تبدیلیوں کا محرم ضرور تھا اور یہ عرفان اس نے پاکستانی ڈسٹلری کی جم خانہ وہسکی (جسے وہ یتیم خانہ وہسکی کہا کرتا تھا) پی کر نہیں حاصل کیا تھا اور نہ ہی الہام کے ذریعہ... بلکہ جذباتی اور فنی طور پر جو وہ محسوس کر رہا تھا اس شئے کو معلوم شئے میں تبدیل کرنے کی خلاقانہ قوت، دیانت داری اور اخلاقی جرأت اس میں موجود تھی۔

اس کی نظریں اخبار کی خبروں اور خبروں کے نیچے تیرنے والی اقدار اور اقتدار کی کشمکش اور ماحول ومعاشرے کی ان تہہ در تہہ حرکیات پر بھی تھیں جو خبروں کے بننے اور بُننے کا جواز تھیں ۔ تقسیم سے پہلے ہی مذہبی اخلاقیات کی چمک دمک کے پیچھے کھڑا ابھیٹر یا گولہ بنا کر تاریخ کو پھلانگتا ہوا جس طرح خدا کی بستی میں داخل ہو رہا تھا ، منٹو اس کی غراہٹ اور سانسوں کی چھون وسرہن کو اپنی روح میں محسوس کر رہا تھا۔ نہ صرف محسوس کر رہا تھا بلکہ بغیر کسی تامل اور تکلف کہ اپنے پڑھنے والوں کے ساتھ اسے شیئر بھی کر رہا تھا۔ چچا سام کے نام لکھے منٹو کے یہ خطوط گویا خطرے کی گھنٹی تھے اور منٹو بھی طنز و مزاح کے پردے میں تو کبھی کنٹی پر سوار point blank فاصلے پر کھڑے ہو کر ہمیں آگاہ کرتا رہا کہ حالات کو سمجھنے کی کوشش نہیں کی تو آنے والا لاعہد کیا تحفہ لے کر آنے والا ہے۔ ایک جگہ وہ لکھتا ہے :

ہندوستان لاکھ ٹاپا کرے ، آپ پاکستان سے فوجی امداد کا معاہدہ ضرور کریں گے۔ اس لیے کہ آپ کو اس دنیا کی سب سے بڑی اسلامی سلطنت کے استحکام کی بہت زیادہ فکر ہے اور کیوں نہ ہو۔ اس لیے کہ یہاں کا ملّا روس کے کمیونزم کا بہترین توڑ ہے۔ فوجی امداد کا سلسلہ شروع ہو گیا تو آپ سب سے پہلے ان ملّاؤں کو مسلّح کیجئے گا۔ ان کے لیے خالص امریکی ڈھیلے ، خالص امریکی تسبیحیں اور خالص امریکی جائے نمازیں روانہ کیجئے گا ، استروں اور قینچیوں کو سرفہرست رکھیے گا ، خالص امریکی خضاب لاجواب نسخہ بھی اگر آپ نے ان کو مرحمت کر دیا تو سمجھئے پو بارہ ہیں ۔

(چچا سام کے نام چوتھا خط)

اس سے پتہ چلتا ہے کہ عام انسانی زندگی سے منٹو کا رشتہ کس قدر گہرا ، ہمدردانہ اور پُرخلوص تھا جو سماجی سروکار کے حوالے سے ایک futuralogy واضح کر رہا تھا۔ پاکستان کا طلوع اپنے جلو میں جو امور لے کر آ رہا تھا منٹو نے ان میں نئے ممکنات کو کھنگالنا شروع کر دیا تھا۔ لڑکیوں پر ہاکی کھیلنے اور بسنت کا تہوار منانے پر پابندی سے لے کر مذہب کے نام پر ہونے

والے خودکش حملوں تک نظام مصطفیٰ نافذ کرنے کی جو بیبیوں غیر جمہوری اور آمرانہ کوششیں بعد میں پاکستان کے جغرافیہ میں کی گئیں ان کے پیش لفظ کی جانب اشارے منٹو کے محولہ بالا اقتباس میں تلاش کیے جا سکتے ہیں۔ لڑکیوں کے اسکول جلانے، حجاموں کے استروں پر پابندی لگانے، ٹی وی سیٹوں اور فلمی گانوں کے کیسٹوں کو نذرِ آتش کرنے کی خبریں وقتاً فوقتاً اخبار کی جلی اور خفی سرخیوں میں اپنی جگہ بناتی رہیں۔ بسنت جیسے قومی تہوار اور پتنگ بازی کو ہندوؤں کا کافرانہ شغل قرار دے کر پنجاب کے اربابِ اقتدار نے جو کارنامہ انجام دیا اس تعلق سے انتظار حسین نے اپنے ایک کالم ''بندگی نامہ'' میں لکھا تھا:

اب بسنت کے رُت میں لاہور کے آسمان پر نہ کوئی پتنگ لہراتی نظر آتی ہے نہ بسنتی بان جھلک دکھاتا ہے، بس پھولتی سرسوں پر ان کا بس نہیں چلتا۔''

انتظار حسین جس حقیقت کی طرف اشارہ کر رہے ہیں، لگ بھگ ساٹھ سال قبل لکھے گئے منٹو کے ان خطوط میں اس درد کی لکیر صفحہ در صفحہ بکھری ہوئی ہے۔ حیرت کی بات یہ ہے کہ ان پر سرحد کے اِس طرف کسی نے لکھنے کی ضرورت محسوس نہیں کی اور جو مضامین سرحد کے اُس طرف لکھے گئے ان کا بنیادی سُر یعنی key note خطوط کے محض ان حصوں کو چمکانے اور چمکارنے کا رہا ہے جو امریکہ مخالف تھے۔ بیشتر مضامین کا مشترک بحران یہ ہے کہ ان میں منٹو کی عالمی سیاست پر گہری نظر اور سیاسی شعور پر تعریفی ڈونگرے برسانے کے بعد امریکہ کے لیے اپنے غم و غصے کا اظہار مائکروفون لگا کر کیا گیا۔ لیکن مملکت پاکستان کو ان حالات تک لے جانے والی طرزِ فکر، خود فریبی، قول و فعل کے تضاد، ہوسِ زر، تہذیبی نرگسیت اور کذب و ریا کاری کی تباہ کاریوں پر سخت تجزیہ کرنے پر وہ آمادہ نہیں۔ منٹو کے متن کا مطالعہ و تجزیہ کرتے وقت مضمون نگاروں کے emphasis کے مراکز بدلنے کی وجہ سے کئی سوال بے جواب رہ گئے ہیں۔

اس حقیقت سے انکار نہیں کیا جا سکتا اور نہ کیا جانا چاہیے کہ قومی آزادی اور مذہبی تشخص

کی بحالی کے نام پر طمانیت کا اظہار اور علم وشعور سے نفرت پر اکسانے کا کام جو ذہنیت کر رہی تھی، اس پر کوئی تبصرہ ان مضامین میں نہیں ملتا۔ جبکہ منٹو بار بار کبھی طنز، کبھی نکتہ سنجی اور کبھی parodox کا سہارا لے کر حکمراں طبقے، مفتیان کرام، انتظامیہ کے مقتدر حلقوں میں پرورش پانے والی اسی ذہنیت کو نشانہ بنا رہا تھا، جو پوری قوم کو غلط خوراک پر رکھے ہوئے تھی۔ میرے خیال میں ان خطوط کی قرأت کی اصل قدر و قیمت اسی وقت طے ہوگی جب ہم یہ دیکھیں گے کہ منٹو کن باتوں پر ہنس رہا ہے اور کس طرح ہنس رہا ہے اور اس ہنسی کے پیچھے زندگی کے کون سے مضحک پہلوؤں کی نقاب کشائی مقصود ہے:

''فوجی امداد کا مقصد جہاں تک میں سمجھتا ہوں ان ملّاؤں کو مسلّح کرنا ہے۔ میں آپ کا پاکستانی بھتیجا ہوں مگر آپ کے سب رمزیں سمجھتا ہوں لیکن عقل کی یہ ارزانی آپ ہی کی سیاسیات کی عطا کردہ ہے۔ (خدا اسے نظرِ بد سے بچائے)

ملّاؤں کا یہ فرقہ امریکی اسٹائل میں مسلّح ہو گیا تو سوویٹ روس کو یہاں سے اپنا پاندان اٹھانا ہی پڑے گا۔ جس کی کلیوں تک میں کمیونزم اور سوشلزم گھلے ہوتے ہیں۔

امریکی اوزاروں سے کتری ہوئی لبیں ہوں گی، امریکی مشینوں سے سِلے ہوئے شرعی پاجامے ہوں گے۔ امریکی رحلیں اور امریکی جائے نمازیں ہوں گی۔ بس آپ دیکھئے گا چاروں طرف آپ ہی کے نام کے تسبیح خواں ہوں گے۔'' (چچا سام کے نام چوتھا خط)

چچا سام نے امریکی رحلیں اور جائے نمازیں تو نہیں بھیجیں لیکن مصلحین کے نام سے ''خدائی فوجدار'' ضرور تیار کرائے، چنانچہ سطور بالا عبارت کے زیرِ سطح زندہ اور دھڑکتے ہوئے اجزاء قاری سے مخفی نہیں۔ امریکن امپیریلزم کی آڑ پکڑ کر صاحب اقتدار شخصیتوں کی کمزوریاں اور کم ظرفیاں پورے کے پورے معاشرے کو جن سیاسی، مذہبی، تہذیبی اور ثقافتی gheto کی

طرف لے جانے کی کوشش کر رہی تھی اور منٹو جن کی جانب بہت واضح لیکن بلیغ اشارے کر رہا تھا، زیادہ تر لکھنے والوں نے اسے گول کر دینے میں ہی اپنی عافیت سمجھی۔ معاشرے میں مذہبی قیادت کی مطلق، مکمل، ماورائے تنقید بالا دستی تسلیم کرانے کی خواہش نے مملکتِ خداداد کو خوف، عدم تحفظ، فکری رعونت اور مبالغہ آمیز خود پسندی کے علاوہ کچھ نہیں بخشا۔ ایک شہری اور ایک ادیب کی حیثیت سے منٹو کو یہ صورتحال پریشان کر رہی تھی اور اس پریشانی کی متعدد نوعیتیں اور صورتیں ایک دوسرے میں باہم پیوست ہو کر چچا سام کے خطوط میں ابھرتی ڈوبتی نظر آتی ہیں۔ پاکستانی ادب اور آرٹ کی جو روایت حسن عسکری مملکتِ خداداد میں قائم کرنا چاہتے تھے اس کے لیے ضروری بھی تھا کہ پاکستانی روایت سے ہندوستانی روایت کو الگ کیا جائے اور اسی کا ڈراپ سین اسلامی ادب اور ثقافتی و تہذیبی شناخت کے لیے تنگ نظری ،تعصب اور حب الوطنی کے ایک چھوٹے و محدود تصور کے Camaflougue میں ہی ظاہر ہونا تھا۔ تقسیم کے بعد منٹو اپنی کیفیت ''''زحمتِ مہر درخشاں'' میں کچھ اس طرح بیان کر رہا تھا:

''طبیعت میں اکساہٹ پیدا ہوئی کہ لکھوں۔ لیکن جب لکھنے بیٹھا تو دماغ کو منتشر پایا۔ کوشش کے باوجود ہندوستان کو پاکستان سے اور پاکستان کو ہندوستان سے علاحدہ نہ کر سکا۔ بار بار دماغ میں الجھن پیدا کرنے والا سوال گونجتا۔ کیا پاکستان کا ادب علاحدہ ہوگا؟ اگر ہوگا تو کیسے ہوگا؟ وہ سب کچھ جو سالم ہندوستان میں لکھا گیا تھا، اس کا مالک کون ہے؟ کیا اس کو بھی تقسیم کیا جائے گا؟ کیا ہندوستانیوں اور پاکستانیوں کے بنیادی مسائل ایک جیسے نہیں!''

یہاں منٹو اپنے حوالے سے پاکستان کے مصوروں، موسیقاروں، شاعروں اور دوسرے فنکاروں کے ڈائلیما کو بیان کر رہا ہے کہ وہ کن قدروں، عقیدوں، امنگوں، آرزوؤں اور طریقِ حیات کی ترجمانی کریں۔ منٹو ہندوستانی اور پاکستانی ادب کی علاحدہ شناخت سے متعلق ہی پریشان نہیں تھا، اس کی پریشانی ہندوستان اور پاکستان میں بے دردی سے بہائے

جانے والے خون کے لیے بھی تھی ۔ وہ ان ہڈیوں کے لیے بھی فکرمند تھا کہ وہ کہاں جلائی یا دفنا
ئی جائیں گی جن پر سے مذہب کا گوشت چیلیں اور گدھ نوچ نوچ کے کھا چکے تھے۔لیکن حسن
عسکری منٹو کی اس پریشانی کو اپنے پاکستانی اور اسلامی ادب کے موقف کے ساتھ tag کرنے
کی کوشش کرتے دکھائی دیتے ہیں ۔ جون 1949ء کے کالم ''پاکستانی ادب'' میں بغیر کسی متنی
گواہی کے وہ کہتے ہیں :

''منٹو صاحب نے متعدد کوششیں کیں کہ ترقی پسندی کے مروّجہ
تصور کو بدلا جائے اور ادیب اسلام کو اپنے تصوّرِ حیات کی اساس بنائیں اور
اسلامی اصولوں کی بنیاد پر سماجی و معاشی انصاف کا مطالبہ کریں ۔منٹو صاحب
ادیبوں سے گھنٹوں اس بات پر جھگڑتے رہے ہیں کہ ہمارے لیے خالی
انسان پرستی کافی نہیں ہے ۔ ہمیں انسان کا وہ تصور قبول کرنا ہوگا جو اسلام نے
پیش کیا ہے ۔''

یہ غیر متنی تنقید قاری کو کہیں نہ کہیں گمراہ ہی کرتی ہے ۔ سچ ہے کہ اس زمانے میں عام
خیال یہ بھی تھا کہ اشتراکیت نے جن معاشی ،سماجی اور تہذیبی نا انصافیوں کی نشاندہی کی ہے
سب کی سب خوش اسلوبی سے اسلامی نظام کے ذریعے ختم کی جاسکتی ہیں، لیکن منٹو اسے قبول
کرنے کے لیے بالکل تیار نہیں تھا۔ دلچسپ بات یہ ہے کہ حسن عسکری اپنے مختلف کالموں میں
بڑی شد و مد کے ساتھ منٹو کے احساسِ نظام کو اور اس کے ادب کو جس اسلامی ثقافت
اور اسلامی ہیومینزم کی تعبیر کے نیک کام سے جوڑنے کی کوشش کر رہے تھے ،اس کی گواہی منٹو
کے متن میں موجود نہیں، بلکہ اس کی تحریریں تو مخالف سمت میں دوڑتی ہوئی دکھائی دیتی ہیں ۔
مجھ سانا فہم قاری بھی منٹو کی تحریروں کو بغور پڑھے تو محسوس کر سکتا ہے کہ وہ اول تا آخر آزادی کا
نقیب تھا۔ کوئی بھی جھنڈا یا ایجنڈا اسے نہ تو شہری کی حیثیت سے دبوچ سکتا تھا نہ ہی ادیب کی
حیثیت سے ...

''دیکھ کبیرا رویا'' ، ''داڑھی ،مونچھ ،برقع ان لمٹیڈ'' ، ''کرچیں اور کرچیاں'' اور ''اللہ کا

بڑا فضل ہے،، جیسی منٹو کی تحریروں کے سرسری مطالعہ سے اندازہ ہو جاتا ہے کہ سماجی انصاف اور ظلم کے خاتمے کا جو خواب حسن عسکری اور ان کے رفقاء کی آنکھیں دیکھ رہی تھیں منٹو کی آنکھوں میں وہی خواب کرچیاں بن کر چبھ رہے تھے۔ منٹو کے قومی، اخلاقی اور ثقافتی و ادبی تفکر کے مراکز حسن عسکری کے دریافت کیے گئے معروضات سے کس قدر مختلف تھے۔ انسان کے ٹھیٹ اسلامی تصور کو قبول کرنا تو دور کی بات منٹو تو پاکستانی حکمرانوں کے مذہبی خبط اور مسخ شدہ مذاق کو نشانہ بنا رہا تھا جو فنونِ لطیفہ کی آزادی کو سلب کرنے کے درپے تھے۔ مذہبی اخلاقیات کے پردے میں کٹھ ملّائیت کے ہاتھ ثقافت کی گردن پر جس رفتار سے بڑھ رہے تھے اس کا کسی قدر اندازہ اور اندیشہ منٹو کو تھا۔ اپنے ایک مضمون میں وہ لکھتا ہے:

یہ موسیقی بھی ایک لعنتوں کی لعنت تھی۔ یعنی آخر گانا بھی انسانوں کا کام ہے؟ تنبورہ لے کر بیٹھے ہیں ، گلا پھاڑ رہے ہیں۔ صاحب کیا گا رہے ہیں۔ درباری کا نہٹرہ ، مالکوس، میاں کی ٹوڑی، اڑانہ اور جانے کیا کیا بکواس۔۔۔ کوئی ان سے پوچھے کہ جناب آخر ان راگ راگنیوں سے انسانیت کو کیا فائدہ پہنچتا ہے۔ آپ کوئی ایسا کام کیجیٔے جس سے آپ کی عاقبت سنورے، آپ کو ثواب پہنچے، قبر کا عذاب کم ہو۔

فنونِ لطیفہ سے یہ اور نگ زیبی نفرت ارضی صداقتوں کو نظر انداز کر کے جس تہذیب و ثقافت کی تشکیل کا بیڑہ اٹھا رہی تھی منٹو اسے پھٹی آنکھوں اور بھنچی مٹھیوں سے دیکھ رہا تھا اور خوف زدہ تھا کہ اگر خدانخواستہ غلط قسم کی مولویت کا دور دورہ شروع ہو گیا تو موسیقی جس میں مسلمانوں نے زندگی جھونکی پاکستان میں بالکل نا پید ہو جائے گی۔ پہلے ریڈیو پاکستان میں ٹھمری اور دادرا کا حقّہ پانی بند ہوا اور بعد میں ادب، فلم، تھیٹر کے ہاتھوں قوم کی طہارت خطرے میں پڑتی نظر آنے لگی۔ حکومتِ الٰہیہ قائم کرنے کے نام پر انسان کی جذباتی، اخلاقی اور روحانی زندگی کی پہنائیوں کو نا پنے والے فنونِ لطیفہ پر منڈلا نے والے خطرات منٹو کے تخلیقی اضطراب، اداسی اور برہمی کا سبب تھے۔ اسلامی تشخّص کے عنوان سے علم و شعور سے نفرت پر اکسانے والی

تحریک نے ہی جمہوریت کی مخالفت کی ابتداء کی اور پھر یہی تحریک ''حکومتِ الٰہیہ زندہ باد ... جمہوریت مردہ باد'' کے نعروں کے نیچے اسلامی ایجنڈے کو پورا کرنے کے کی کوشش میں اپنی ہی پونچھ پکڑ کر چکّر گھانی کھاتی رہی۔ سیاسی وسماجی اقتدار کی تلوار کو منٹو فنونِ لطیفہ کے ساتھ ادب پر بھی جھولتا ہوا دیکھ رہا تھا۔ ترقی پسند رسائل پر جب حکومت کی گاج گری اور ترقی پسند ادیبوں کی گرفتاریوں کا سلسلہ شروع ہوا تھا منٹو نے اپنے مضمون ''اللہ کا بڑا افضل ہے'' میں لکھا تھا:

اللہ کا بڑا افضل ہے کہ ان مردودوں سے نجات ملی۔ کم بخت انقلاب چاہتے تھے، سنا آپ نے، تختہ الٹنا چاہتے تھے، حکومت کا، نظامِ معاشرت کا، سرمایہ داری کا، نعوذ باللہ مذہب کا۔ اللہ کا بڑا افضل ہے کہ ان شیطانوں سے ہمیں نجات ملی۔۔۔ خدا کا شکر ہے کہ اب ان میں سے ایک بھی ہمارے درمیان موجود نہیں ... اور لاکھ لاکھ شکر ہے پروردگار کا اب ہم پر ملّاؤں کی حکومت ہے اور ہر جمعرات کو ہم حلوے سے ان کی ضیافت کریں گے۔

چچا سام کے خطوط کی طرح ان مضامین میں بھی منٹو کا شوخ اور کٹیلا اسلوبِ سان پر چڑھا ہوا ہے، جن میں معاشرے کی داخلی سچائیوں اور اندیشوں سے متعلق اس کے بنیادی رویوں کا اظہار ملتا ہے۔ اس کی قوّتِ متخیلہ اور اس کا زود ترشّی نظام معمولی خبروں اور واقعات کے دبیز غلاف کو چیر کر اس کے آر پار جھانک لیتا تھا۔ اہم بات یہ نہیں کہ وہ کس طرح چھوٹی سی بات سے بڑا موضوع تعمیر کر لیتا تھا یا بڑے سنجیدہ اور گمبھیر واقعہ کو آناً فاناً ایعنیت سے مملو ایک بھونڈے مذاق میں تبدیل کر دیتا تھا اہم بات یہ ہے کہ اس کی بصیرت کا کوئی زاویہ اجتماعی تاریخ کے حوالے سے آزاد نہیں تھا۔

ابوالکلام آزاد نے 1943ء میں شورش کاشمیری کو دیے گئے اپنے انٹرویو میں پاکستان کے مستقبل کے لیے جو پیش قیاسیاں کی تھیں وہ ساٹھ ستّر سال بعد حرف بہ حرف صحیح ثابت ہوتی ہوئی دکھائی دیتی ہیں۔ شورش کاشمیری کا مذکورہ انٹرویو 1973ء میں منظر عام پر آیا لیکن 1952-54 کے دوران لکھے گئے ان خطوط میں ابوالکلامی پیشن گوئیوں کی جھلکیاں اور جھانکیاں

دیکھی جاسکتی ہیں ۔ نااہل کرپٹ حکمران مملکتِ خداداد کا جو''تغرا''1947ء سے 1954ء تک وہائٹ ہاؤس میں بیٹھ کر تیار کر رہے تھے اس کے املا میں ہی غلطی تھی اور منٹو کا کھلا،غیر ابر آلود، بیدار اور خلّاق ذہن بے مثال جرأت کے ساتھ اس کی جانب نشاندہی کر رہا تھا۔ پاکستانی عوام کو اسلحہ اور ہتھیاروں سے محبت سکھائی جا رہی تھی اور ملک کی شاہراہوں کی تزئین ٹینکوں،توپوں،جنگی جہازوں، میزائلوں سے کی جا رہی تھی۔ عسکریت پسند خصوصی مولوی تیار کرنے والے ایسے ہی عوامل نے جہادی کلچر کی پرورش کی جس نے بعد میں پورے برصغیر کو بارود کے ڈھیر پر کھڑا کردیا۔ تشدد، وحشت اور بربریت کی طرف لے جانے والی اور افلاس وغلامی کے دلدل میں دھکیلنے والی مرگ آفریں سیاست کو منٹو نشانہ بنا رہا تھا۔ اجمل کمال نے اپنے ایک مضمون''منٹو اور اردو تنقید''میں چچا سام کے خطوط کا حوالہ دیے بنا اس کی جانب نشاندہی کی ہے:

پاکستان کی زندگی کے پہلے آٹھ برسوں میں منٹو نے تنگ نظر جنگجو مذہبیت کے زبردستی لادے جانے کا، جمہوری اقدار کے کچلے جانے اور خارجی طور پر ملک کی سرد جنگ میں امریکہ کا سپاہی بنا دیے جانے کے جن سرکاری رجحانات کو اپنی تخلیقی تنقید کا نشانہ بنایا تھا آگے چل کر وہ اور زیادہ مضبوط ہوئے اور ان کے تباہ کن نتائج ہم آج بھی بھگت رہے ہیں۔''

اس میں کوئی شک نہیں کہ پاکستانی لیڈران اور پالیسی ساز پاکستان کی تقدیر وہائٹ ہاؤس میں بیٹھے لکھ رہے تھے اور یہی وجہ ہے کہ کوئی عسکری جنرل امریکی آشیرواد کے بغیر زمام اقتدار سنبھال نہیں سکتا تھا۔ پاکستان سرد جنگ میں فقط امریکہ کا سپاہی ہی نہیں تھا بلکہ امریکی مفادات کا hentch man بن چکا تھا،جس کی قیمت اسے نہ صرف برسوں بعد ادا کرنی پڑی بلکہ آج بھی ادا کر رہا ہے۔ برسبیل تذکرہ یہاں یہ وضاحت بھی ضروری ہے کہ آج برصغیر اور افغانستان کا مسلمان اگر خوف اور نفرت کی علامت کے طور پر نشان زد دہرایا جا رہا ہے یا کیا جا رہا اس کے لیے ہمارے یہاں امریکہ کو موردِ الزام ٹھہرانے کی خود فریبانہ کوششیں مختلف سطحوں پر ملتی

ہیں۔ امریکہ کو clean chit دینا مقصود نہیں ہے، یہ حقیقت تو اتنی واضح ہے کہ اسے دوہرانے کی چنداں ضرورت نہیں لیکن اتنی اہم ہے کہ یاد دلانا بے موقع نہیں کہ امریکی اقتدار کی سیاست دونوں ممالک کے ساتھ پوری تیسری دنیا پر صرف physical possession ہی نہیں چاہتی بلکہ اس کی روح پر قبضہ کرنے کی متمنی ہے۔ چنانچہ اپنے فیصلے ان ممالک کے ماتھے پر ثبت کرنے کا بے دریغ عمل اسی پوشیدہ مقصد کا ایک حصہ ہے، اب جو اتنا پوشیدہ بھی نہیں۔ خود منٹو نے اپنے ایک خط میں لکھا ہے:

’’چچا جان! میں نے ایک تشویشناک خبر سنی ہے کہ آپ کے یہاں تجارت اور صنعت بڑے نازک دور سے گزر رہی ہے۔ آپ تو ماشا اللہ عقل مند ہیں لیکن ایک بے وقوف کی بات بھی سن لیجئے یہ تجارتی اور صنعتی بحران صرف اس لیے پیدا ہوا ہے کہ آپ نے کوریا کی جنگ بند کر دی ہے، یہ بہت بڑی غلطی تھی۔ اب آپ ہی سوچیے کہ آپ کے ٹینکوں، بم بار ہوائی جہازوں، توپوں اور بندوقوں کی کھپت کہاں ہوگی... کوریا کی جنگ آپ نے بند کر دی ہے یہ بہت بڑی غلطی ہے... خیر اس کو چھوڑیے، آپ ہندوستان اور پاکستان میں جنگ شروع کرا دیجئے۔ کوریا کی جنگ کے فائدے اس جنگ کے فائدوں کے سامنے ماندہ نہ پڑ گئے تو میں آپ کا بھتیجا نہیں۔‘‘

(چچا سام کے نام ساتواں خط)

غرضیکہ عراق اور افغانستان تو محض جھانکی ہے کہ ابھی ہندوستان پاکستان باقی ہے۔ اسی خط میں ایک جگہ وہ لکھتا ہے:

’’جاہل لوگ یہ کہتے ہیں کہ مغربی اتحاد کا مقصد دوسری اقوام کے درمیان اختلافات کو طاقت کے بغیر حل کرنا ہونا چاہیے... میں پوچھتا ہوں، طاقت کے بغیر کوئی اختلاف آج تک حل ہوا ہے۔ آج کل تو ساری دنیا اختلافات سے بھری پڑی

ہے اور اس کا حل اس کے سوائے اور کیا ہوسکتا ہے کہ دنیا کی مکمل تباہی کی تصویر پیش کر دی جائے اور اس سے کہا جائے کہ تم اپنے گھٹنے ٹیک دو۔‘‘   (چچا سام کے نام ساتواں خط)

منٹو کی آنکھیں صرف اسے ہی نہیں دیکھ رہی تھیں جو نظروں کے سامنے عیاں، متعین اور تسلیم شدہ تھا بلکہ اس کے رڈار پر وہ بھی موجود تھا جو نظروں سے پوشیدہ لیکن حیطہ امکان میں تھا۔ یہاں یہ نہیں بھولنا چاہئے کہ منٹو کا اصل نشانہ ناقص امریکین گیہوں بھجوا کر پاکستانی عوام اور وہاں کے پالیسی پنڈتوں کو seduce کرنے والا محض چچا سام ہی نہیں تھا بلکہ پاکستان کا وہ حکمراں طبقہ، ان کی غلامانہ ذہنیت اور جابرانہ کردار بھی تھا جو اپنی انفرادی و اجتماعی کمزوریوں اور سیاسی مجبوریوں کے باعث چچا سام کے اشارۂ چشم ابرو سے خدا کی بستی میں اسے اپنی حکمت عملی مسلط کرنے کی اجازت تو دے ہی رہا تھا ساتھ ہی ساتھ پاکستانی اونٹوں کی گردنوں میں تختیاں لگا کر ان کا استقبال بھی کر رہا تھا۔ ایک اور اقتباس ملاحظہ ہو:

’’میرے پاکستان کو آپ نے مفت گندم بھیجا یہ غریب یہ بھی تسلیم کرتا ہے، کراچی میں ہم لوگوں نے اونٹوں کا جلوس نکالا اور با قاعدہ اشتہار بازی کی کہ ہم پر یہ بہت بڑا کرم کیا ہے۔ یہ جدا بات ہے کہ آپ کا بھیجا ہوا گندم ہضم کرنے کے لیے ہمیں اپنے معدے امریکیا نے پڑے۔‘‘

(چچا سام کے نام ساتواں خط)

یہ تاروں والی ٹوپی پہنے چچا سام سے پاکستان کے سیاسی رومانس کے ابتدائی دن تھے اور تب سے ہی پاکستانی سیاست نے ڈالر تہذیب کا سبق آموختہ کی طرح رٹنا شروع کر دیا تھا۔ پاکستانی عوام پر چچا سام کروڑوں ڈالر جو خرچ کر رہا تھا ظاہر ہے وہ انسانی بہبود کے لیے تو نہیں تھا۔ منٹو اپنی باطنی بصارت سے نوشتہ دیوار کو پڑھ رہا تھا اور حکمت و حماقت سے پاکستان کی خارجہ پالیسی کے داخلی ستم ظریفیوں کو بے محابا طریقے سے سامنے لا رہا تھا کہ ایک ہولناک اختتام کے آغاز کی طرف اشارہ کر سکے... کیونکہ کچھ برسوں بعد ہی لوگوں نے دیکھا کہ اس

شلوار کے اندر امریکی ڈالر کے ساتھ امریکی AK-47 بھی موجود تھی۔ دیکھئے منٹو اپنے دھاردار تیور اور پینی نظر سے reality کو پیروڈی میں اور reality کو پیروڈی میں کس طرح بدل رہا تھا:

’’فکر ہر کس بقدر ہمت اوست ... میں ایک ڈرائی کلین کرنے والے کو مارنا چاہتا ہوں۔ ہمارے یہاں بعض مولوی قسم کے حضرات پیشاب کرتے ہیں تو ڈھیلا لگاتے ہیں ... مگر آپ کیا سمجھیں گے ... بہر حال معاملہ کچھ یوں ہوتا ہے کہ پیشاب کرنے کے بعد صفائی کی خاطر کوئی ڈھیلا اٹھاتے ہیں اور شلوار کے اندر ہاتھ ڈال کر سرِ بازار ڈرائی کلین کرتے پھرتے ہیں۔

میں بس یہ چاہتا ہوں کہ جوں ہی مجھے کوئی ایسا آدمی نظر آئے، جیب سے آپ کا دیا ہوا منی ایچر ایٹم بم نکالوں اور اس پر دے ماروں تا کہ وہ ڈھیلے سمیت دھواں دھواں بن کر اُڑ جائے۔‘‘   (چچا سام کے نام تیسرا خط)

ایک ہاتھ میں کھلی ہوئی شلوار تھامے اور دوسرے ہاتھ سے استنجا کرنے والے کو ’اُلّو کا پٹھا‘‘ کہنے کی خواہش منٹو کے اسی عنوان کے افسانے کا قاسم پوری نہ کر سکا تھا کہ وہ اتنی دوری پر تھا کہ فقرہ اس تک پہنچنے سے پہلے ہی پلٹ کر آ جانے کا خدشہ تھا لیکن ان خطوط میں چچا سام کے بھتیجے نے شلوار میں ہاتھ ڈال کر ڈرائی کلین کرنے والے کے کان کے پاس نعرہ بلند کرنے والے انداز میں ’’قبلہ! آپ اُلّو کے پٹھے ہیں‘‘ کہا اور بار بار کہا ... نام نہاد مذہبی اخلاقیات کا مکروہ چہرہ یہاں سمٹ سکٹر کر مٹی کے ڈھیلے میں سما گیا ہے، جسے سرِ عام استعمال کرنے والے کو منی ایچر بم سے اُڑا دینے کی خواہش کا اظہار منٹو اں کھلی چھٹیوں میں کر رہا تھا لیکن حیرت کی بات ہے کہ کسی نے نوٹس نہیں لیا۔ نہ استنجا کا ڈھیلا استعمال کرنے والی جماعت نے، نہ حکومت نے اور نہ ہی اخلاقیات کے علمبرداروں نے۔ منٹو کی جرأتِ اظہار پر بیشتر لکھنے والوں نے جنسی افسانوں کے حوالے سے بات کی ہے۔ اس کے افسانوں پر مقدمے بھی فحاشی کے عنوان کے تحت درج کیے گئے۔ اس ضمن میں دلچسپ حقیقت یہ ہے کہ اخبارات کی سرخیاں سلطانہ کی کالی

شلوار اور سکینہ کی ازار کو لے کر دھاڑتی تو نظر آئیں لیکن مذکورہ شلوار ان کے عتاب سے پتہ نہیں کس مصلحت کے تحت بچ گئی ۔

فارم کے اعتبار سے یہ خطوط نہ مضامین کہے جا سکتے ہیں، نہ افسانے، نہ ہی انشائیے نہ فکاہیے ... منٹو نے انہیں مگت بھاؤ سے تحریر کیا ہے۔ اس لیے مختلف سرحدوں کو چھوتے ہوئے چھوتے ہوئے محسوس ہوتے ہیں۔ فکر و تفکر کا ان میں کوئی مرکزی نکتہ موجود نہیں ہے جو کسی شانت نکتے پر پہنچ کر مسئلے کے حل کی طرف اشارہ کرے۔ ان میں سماجی، سیاسی، ثقافتی، اخلاقی کج رویوں اور لاغر و پھسپھسے مذہبی مقتدروں کے خلاف چھٹ پٹاتے تجربوں اور مشاہدوں کو لفظوں میں باندھنے کی عجلت میں، بے دلی سے برہمی تک، یقین سے بے یقینی تک اور امید سے مایوسی تک کئی محاذ بنتے اور تحلیل ہوتے ہیں۔ یہ نہ لطیفہ بازی ہے نہ چٹکلہ سازی ... یہاں طنز کی جارحیت صحافیانہ مواد کو ایک تخلیقی وژن بخشتی ہے اور حسِ ظرافت visionery کا پوز لینے سے انکار کرتی ہے :

’’چچا جان آپ کی ریش مبارک کی قسم، دن بہت برے گزر رہے ہیں، اتنے برے گزر رہے ہیں کہ اچھے دنوں کے لیے دعا مانگنا بھی بھول گیا ہوں۔ یہ سمجھئے کہ بدن پر لتّے جھولنے کا زمانہ آ گیا ہے۔ کپڑا اتنا مہنگا ہو گیا ہے کہ جو غریب ہیں ان کے مرنے پر کفن بھی نہیں ملتا، جو زندہ ہیں وہ تار تار لباس میں نظر آتے ہیں۔ میں نے تنگ آ کر سوچا ہے کہ ایک ’’ننگا کلب‘‘ کھول دوں۔ لیکن سوچتا ہوں ننگے کھائیں گے کیا ... ایک دوسرے کا ننگ؟ مگر وہ بھی اتنا کریہہ ہو گا کہ ننگا ہیں لقمہ اٹھاتے ہی وہیں رکھ دیں گے ۔

لیکن چھوڑیے اس قصّہ کو، آپ خوش گلو، خوش اندام اور خوش خرام حسینوں کا وہ خیر سگالی وفد بھیج دیجئے۔ ہم اس غربت میں بھی اپنا جی ’’پشوری‘‘ کر لیں گے۔ فی الحال آپ الزبیتھ ٹیلر کے ہونٹوں کا ایک پرنٹ بھیج دیجئے

،خدا آپ کو خوش رکھے۔''   (چچا سام کے نام پانچواں خط)

خدا نے چچا سام کو کتنا خوش رکھا یہ خدا بہتر جانتا ہے یا خود چچا سام...لیکن اس کا بھتیجا الزبیتھ ٹیلر کے ہونٹوں کے پرنٹ کے بہانے قیام پاکستان کے بعد کی افراتفری کو اپنی بصیرت آمیز بصارت سے تاک رہا تھا۔ مہاجر اور غیر مہاجر کی تخصیص کے بغیر لوگ الاٹمینٹوں اور پرمٹوں کے لیے تگ و دو میں مصروف تھے۔ اور استحصالی طبقے نے لوٹ کھسوٹ، چور بازاری، اقربا پروری، موقع پرستی اور ریا کاری کا بازار گرم کر رکھا تھا ان حالات میں ملک کے غریب اور مفلوک الحال طبقے پر مملکتِ خداداد کی زمین تنگ سے تنگ تر ہوتی جا رہی تھی اور خود منٹو پر اس مملکت کا افق اس قدر تنگ ہو چکا تھا کہ قفس کی صورت نظر آ رہا تھا۔ منٹو اس کے خلاف اپنا ردِّعمل نہ صرف ریکارڈ پر لا رہا تھا بلکہ اس سناٹے اس سناٹے میں معاشرے کے ضمیر کی آواز کی حیثیت سے اپنے نقطہ نظر کو واضح انداز میں نشان زد بھی کر رہا تھا۔ ایک بے لوث اور سفّاک نقّاد کا رول نبھانے کے لیے اس نے بھتیجے کے کردار کو coin کیا۔ چچا سام کا یہ بولتا بتیا تا بھتیجا اپنی اوٹ پٹانگ فرمائشوں اور ضد کو پوری کرنے کی منطق یہ پیش کرتا ہے کہ باپ سے زیادہ چچا بچوں سے پیار کرتا ہے اور اپنے چچا کو لکھتا ہے:

''میری سمجھ میں نہیں آتا، آپ بھارت کو اربوں ڈالر کا قرض دے رہے ہیں۔ پاکستان کو فوجی امداد دینے کا ابھی آپ نے وعدہ کیا ہے، لیکن میرا وظیفہ کیوں نہیں لگا دیتے۔ لوگ کیا کہیں گے کہ پاکستان کے اتنے بڑے افسانہ نگار کو صرف تین سو روپے دے کر آپ نے ہاتھ روک لیا۔ یہ میری ہتک ہے اور آپ کی بھی۔''   (چچا سام کے نام ساتواں خط)

اُنسیت، عقیدت، رواداری اور وارفتگی کی اوپری پرت کے نیچے انسانوں کے استحصال اور انسانیت کی تذلیل کے خلاف اپنے intense غصے کا اظہار کرتے ہوئے اگر اس نے اپنے چچا کی ٹوپی مسٹر سام...یعنی حکومتِ جمہورِ امریکہ کو پہنائی تو اپنے ماموں کی پگڑی سوویت روس کے مالنکوف کے سر پر دھری۔ اس وقت کی دنیا کی دو بڑی طاقتوں امریکہ اور

روس سے چچا اور ماموں کے رشتے استوار کرکے منٹو کے ناقدانہ شعور نے ایک ایسا fantasy
space وضع کیا جو مسئلے سے گہرے تعلق کے باوجود ذہنی بے تعلقی برقرار رکھتا ہے۔ چچا سام کے
بھتیجے کی حیثیت سے حواس، اعصاب، جذبات اور اخلاقیات کے منطقوں پر اس کا حصّہ ہونے
کے باوجود اس نے ایک فنکارانہ دوری قائم رکھی۔ سماج سے علاحدہ ہونے کے باوصف چچا
سام کا یہ فرمانبردار، وفادار اور تابع دار لیکن مفلس بھتیجا اس میں ڈوبا ہوا ہے اور اس میں رچ بسا
ہونے کے باوجود حاشیے پر ہے۔ احساس کی جس دھار پر وہ جی رہا تھا اس سے فنکارانہ قربت
اور دوری اسے اخلاقی اور نفسیاتی بلوغت کے اس مقام پر لے آئی تھی جہاں انسانی خباثت کا
کوئی بھی مظہر اسے حیرت زدہ نہیں کر سکتا تھا، تخلیقی تجربے کی اسی جہت نے اس کے غصّے اور
دہشت پسندی کو ایک اخلاقی وادبی قدر عطا کردی تھی، اقتباس ملاحظہ ہو:

’’چچا جان یہ ہائیڈروجن بم کیا بلا ہے... آٹھویں جماعت میں ہم
نے پڑھا تھا کہ ہائیڈروجن ایک گیس ہوتی ہے، ہوا سے ہلکی... آپ اس کرۂ
ارض کے سینے سے کس ملک کا بوجھ ہلکا کرنا چاہتے ہیں... روس کا؟
مگر سنا ہے وہ کم بخت نائٹروجن بم بنا رہا ہے... آٹھویں جماعت ہی
میں ہم نے پڑھا تھا کہ نائٹروجن ایک گیس ہوتی ہے جس میں آدمی زندہ نہیں
رہ سکتا... میرا خیال ہے آپ اس کے جواب میں آکسیجن بم بنا
دیں۔ آٹھویں جماعت میں ہم نے پڑھا تھا کہ نائٹروجن اور آکسیجن گیسیں
جب ملتی ہیں تو پانی بن جاتا ہے۔ کیا ہی مزہ آئے گا۔ ادھر آپ آکسیجن بم
پھینکیں گے اُدھر روس نائٹروجن بم پھینکے گا... باقی دنیا پانی میں ڈبکیاں
لگائے گی۔‘‘ ‏ ‏ ‏ ‏ ‏ ‏ ‏(چچا سام کے نام پانچواں خط)

دیکھیئے منٹو باتوں باتوں میں کس طرح پوری دنیا کو جہنم زار میں تبدیل کرنے کے
امریکی ایجنڈے کی طرف معنی خیز اشارے کر رہا تھا۔ بم کے زور سے دنیا کو لمحوں میں نیست
ونابود کر دینے والے چچا سام کی تعمیر کردہ ڈالر کی پاٹھ شالا میں بیٹھ کر پاکستان کے مستقبل کا

زائچہ کھینچنے والے کتنے جاگیردار، سردار، چودھری، بیوروکریٹ، لیڈر، پالیسی سازوں کے ضمیر کو چچا سام ڈالروں کے عوض خرید چکا تھا، لیکن وہ ایک غریب اور معمولی افسانہ نگار اور اپنے بے بس اور مجبور بھتیجے کے ضمیر کی آواز کو ختم کرنے سے سے معذور تھا۔ ان خطوط کے حوالے سے میرا اصرار صرف یہ ہے کہ منٹو امریکہ کو فقط ایک punching bag کی طرح استعمال کر رہا تھا۔ چچا سام کے چہرے پر دیے جانے والے منٹوی مکّوں کا اصل نشانہ تو پاکستان کے اہلِ سیاست تھے۔ اسی لیے لانگ شاٹ میں چچا سام کے پاؤں پکڑنے والا اس کا تابع دار بھتیجا کلوز شاٹ میں پاکستان کے اہلِ اقتدار اور جماعت کا گریبان پکڑتا ہوا دکھائی دیتا ہے۔ یہ نو کے نو خط اول تا آخر جاں سوز لمحات سے لبریز اور ملول خاطر ہو کر لکھے گئے ہیں، اولین خط میں ہی وہ لکھتا ہے:

’’میں پہلے سارے ہندوستان کا ایک بڑ افسانہ نگار تھا۔ اب پاکستان کا ایک بڑ افسانہ نگار ہوں۔ میرے افسانوں کے کئی مجموعے شائع ہو چکے ہیں۔ لوگ مجھے عزت کی نگاہوں سے دیکھتے ہیں۔ سالم ہندوستان میں مجھ پر تین مقدمے چلے تھے، یہاں پاکستان میں ایک، لیکن اسے ابھی بنے کتنے برس ہوئے ہیں۔

انگریزوں کی حکومت بھی مجھے فحش نگار سمجھتی تھی۔ میری اپنی حکومت کا بھی میرے متعلق یہی خیال ہے۔ انگریزوں کی حکومت نے مجھے چھوڑ دیا تھا لیکن میری اپنی حکومت مجھے چھوڑتی نظر نہیں آتی۔ عدالت ماتحت نے مجھے تین ماہ قیدِ بامشقّت اور تین سو روپے جرمانے کی سزا دی تھی...‘‘

(چچا سام کے نام ایک خط)

’’میں تین ماہ قیدِ بامشقّت کاٹنے کے لیے تیار ہوں لیکن یہ تین سو روپے کا جرمانہ مجھ سے ادا نہیں ہوگا۔ چچا جان آپ نہیں جانتے میں بہت غریب ہوں... مشقّت کا تو میں عادی ہوں لیکن روپوں کا عادی نہیں۔ میری

عمر انتالیس برس کے قریب ہے اور یہ سارا زمانہ مشقّت ہی میں گزرا ہے،آپ ذرا غور فرمایئے کہ اتنا بڑا مصنف ہونے پر بھی میرے پاس کوئی پیکارڈ نہیں ۔''   (چچا سام کے نام ایک خط)

''...میں تانگے میں بیٹھتا ہوں اور اپنے یہاں کی کشید کردہ شراب بھی پیتا ہوں ، یہ ایسی شراب ہے کہ اگر آپ کے ملک میں کشید کی جائے تو آپ ڈسٹلری کو ایٹم بم سے اڑا دیں، کیونکہ ایک برس کے اندر اندر ہی یہ خانہ خراب انسان کو نیست و نابود کر دیتی ہے۔''   (چچا سام کے نام ایک خط)

امریکہ کی زر پرستانہ ملک گیری کی ہوس کو تو منٹو سمجھتا تھا، روس کے ہتھوڑے اور درانتی کے نشان کی اصل معنویت بھی اس پر منکشف ہو چکی تھی لیکن جو چیز اس کے فہم سے بالاتر تھی وہ پاکستان کی سماجی و سیاسی صورتحال۔ منٹو جس معاشرے میں جی رہا تھا اور جو معاشرہ منٹو کے اندرون پنپ رہا تھا ان کے داخلی کرب کا مرقع یہ خطوط پیش کرتے ہیں ۔ پیسوں کی کمی شراب کی طلب ، مہنگائی ، کرپشن ، بڑھتے بگڑتے ہوئے حالات کے علاوہ پیشہ ورانہ ملائیت کو ٹھیک طرح سے handle نہ کر پانے والی پاکستانی قیادت کی ناکامی جمہوریت کے چہرے کو جس قدر مکروہ اور مسخ کر رہی تھی اس کی مختلف تصویریں ان خطوط میں جابجا ہچکولے کھاتی دکھائی دیتی ہے۔ چنانچہ یہ خطوط نو زائیدہ مملکت اور اس مملکت میں رہنے والے منٹو کو دیکھنے اور سمجھنے کا حوالہ بھی ہیں ۔ جو بے چینی اور دانشورانہ تنہائی اور excile کی کیفیت ان برسوں میں وہ محسوس کر رہا تھا اس کی جھلکیاں ان خطوط میں جابجا ملتی ہیں اور اس طرح یہ خطوط اس کی زندگی کا سفرنامہ بھی ہے ، ایک ایسا سفرنامہ جو سیدھی لکیر کے بجائے اپنی منزل کی جانب الجھتا، بگڑتا اور جھگڑتا spiral کی صورت بڑھتا ہے۔ آگے راستہ نہ ملنے کی صورت میں منٹو نے باجو کی گلی سے پاکستان جانے کے لیے پہلا قدم بڑھا تو دیا تھا لیکن دوسرا قدم اس نے جس دشتِ امکان پر رکھا تھا اس کے نقوش منٹو کے ان خطوط میں ملتے ہیں۔ self conflict سے شروع ہو کر سماجی و قومی مسائل کے confrontation پر ختم ہونے والے ان نقوش میں جذباتی طور پر کٹا پھٹا ،

زمین سے اکھڑا ہوا، افسردہ اور قنوطیت کے شدید حملوں سے ٹوٹا ہوا منٹو زندگی کو معنویت بخشنے کے لیے چھٹ پٹا رہا ہے اور ظرافت و خوش طبعی کو وہ سپر کے طور پر استعمال کر رہا ہے۔ یہ خطوط ایک ایسے اسکرین کی صورت نظر آتے ہیں جس پر اس عہد کی مختلف تصویریں منعکس ہو رہی تھیں۔ چند اقتباسات ملاحظہ ہوں:

''جہاں تک میں سمجھتا ہوں۔ پاکستان اور بھارت کو خوش رکھنے سے آپ کا واحد مقصد یہی ہے کہ جہاں کہیں بھی آزادی اور جمہوریت کا ٹمٹماتا دیا جل رہا ہے، اسے پھونک سے نہ بجھایا جائے بلکہ اس کو تیل دیا جائے۔''
(چچا سام کے نام پانچواں خط)

''امریکی گرم کوٹ بہت خوب ہیں۔ لنڈا بازار ان کے بغیر بالکل لنڈا تھا۔ مگر آپ پتلونیں کیوں نہیں بھیجتے۔ کیا آپ پتلونیں نہیں اتارتے... ہو سکتا ہے کہ ہندوستان روانہ کر دیتے ہوں۔ آپ بڑے کائیاں ہیں... ضرور کوئی بات ہے۔ ادھر کوٹ بھیجتے ہیں اُدھر پتلونیں، جب لڑائی ہوگی تو آپ کے کوٹ اور آپ ہی کی پتلونیں، آپ ہی کے بھیجے ہوئے ہتھیاروں سے لڑیں گے۔''
(چچا سام کے نام تیسرا خط)

''ہم پاکستانی تو اسلام کے نام پر مر مٹتے ہیں۔ ایک زمانہ تھا جب ہم مصطفیٰ کمال پاشا اور انور پاشا کے شیدا تھے۔ انور پاشا کے مرنے کی خبر آتی تو ہم سب لوگ سوگ کرتے۔ سچ مچ کے آنسوؤں سے روتے جب یہ پتہ چلتا کہ وہ خدا کے فضل سے زندہ ہیں تو ہم خوشی سے ناچتے کودتے اور گھر میں چراغاں کرتے۔ مصطفیٰ کمال اور انور دونوں ایک دوسرے کے جانی دشمن تھے۔ ہمیں اس کا کچھ علم نہیں تھا۔'' (چچا سام کے نام آٹھواں خط)

''آپ کے یوں تو لاکھوں اور کروڑوں بھتیجے ہیں۔ لیکن مجھ ایسا بھتیجا آپ کو ایٹم بم کی روشنی میں کہیں نہیں ملے گا۔ قبلہ کبھی ادھر بھی توجہ کیجیے۔ بس تو

آپ کی ایک نظر التفات کافی ہے۔صرف اتنا اعلان کر دیجئے کہ آپ کا ملک (خدا) اسے رہتی دنیا تک سلامت رکھے،صرف اسی صورت میں میرے ملک کو (خدا اس کے شراب کشید کرنے والے کارخانے کو نیست و نابود کرے) فوجی امداد دینے کے لیے تیار ہوگا۔اگر سعادت حسن منٹو اس کے حوالے کر دیا جائے۔" (چچا سام کے نام تیسرا خط)

"یہ میں کیا سن رہا ہوں کہ چارلی چپلن اپنے امریکی شہریت کے حقوق سے دستبردار ہو گیا ہے۔اس مسخرے کو کیا سوجھی،ضرور اس کو کیمیونزم ہو گیا ہے۔" (چچا سام کے نام تیسرا خط)

مکاتیب غالب کے تعلق سے رشید احمد صدیقی نے کہا تھا کہ شارع عام کی ایک گزرگاہ پر کھلنے والے دریچے بلکہ سہ دری میں بیٹھے ہوئے اس کھلے ڈلے شخص کی یاد دلاتے ہیں جو ہر آنے جانے والے سے دو گال ہنس بول لیتا ہے،اُس کھلے ڈلے شخص کی روح کا کچھ حصّہ چچا سام کے اس بھتیجے میں بھی حلول کر گیا ہے۔ جو ثبوت ہے اس بات کا کہ تمام تر مسائل اور مصائب سے نبرد آزما ہونے کے باوجود زندگی بسر کرنے کی صلاحیت ابھی اس میں کند نہیں ہوئی ہے۔

ان خطوط میں گہرائی اور insight تو ہے لیکن ایک فکری اور ذہنی بھٹکاؤ بھی ہے،جو زندگی کے بے معنی اور بے سمت رویوں کی نمائندگی کر رہا ہے۔ نیز ان میں وہ وحدت اور تسلسل نہیں جو اس کے کمزور سے کمزور افسانے میں موجود ہے۔خیالات کا انتشار اس قدر ہے کہ ایک ہی پیرا گراف میں خیال اور گفتگو کے مرکز بدلنے لگتے ہیں۔ چنانچہ وہ خود کئی بار کہتا ہے کہ "بات کہاں سے کہاں نکل گئی" یا پھر "اس قصّے کو چھوڑیے"۔ ان خطوط کو پڑھتے ہوئے محسوس کیا جا سکتا ہے کہ منٹو اپنے قاری سے ایک ذاتی رشتہ قائم کر لیتا ہے۔اس طرح ہم کہہ سکتے ہیں منٹو نے خط کے فارم اور روایت کا بے تکلف فائدہ اٹھاتے ہوئے ایسی بہت سی باتیں کہہ دی ہیں جس کی آنچ ہڈیوں تک پہنچتی ہے۔ایک ادیب، دانشور، انسان دوست سماجی تجزیہ کار کی حیثیت

سے منٹو نے hardcore دانشورانہ نثر کے بجائے بالکل نجی اور intimate محاورے میں عام
قارئین پر اپنے ردِّعمل کو ظاہر کیا ہے، جس میں جھانکنے اور آنکنے کی ، سمجھنے اور سمجھانے کی کوئی
کوشش نہیں کی گئی ... بس ایک سرد مہرانہ لاتعلقی کا مظاہرہ کیا۔ چچا سام کے بھتیجے کے کئی
فقرے آج بھی معنی خیز ہیں اور ان خطوط کی اداس اور مضطرب فضا آج بھی ہمیں ''ٹوبا ٹیک
سنگھ'' کے اس نومینس لینڈ پر لے جا کر کھڑا کرا دیتی ہے جس کی خاردار جھاڑیوں کی ایک طرف
ہندوستان ہے اور خاردار جھاڑیوں کے دوسری طرف پاکستان... اپنے پہلے خط میں وہ چچا
سام کو مخاطب کرتے ہوئے لکھتا ہے :

''میرا ملک ہندوستان سے کٹ کر کیوں بنا، کیسے آزاد ہوا، یہ تو آپ
کو اچھی طرح معلوم ہے۔ یہی وجہ ہے کہ میں خط لکھنے کی جسارت کر رہا
ہوں، کیونکہ جس طرح میرا ملک کٹ کر آزاد ہوا، اسی طرح میں کٹ کر آزاد
ہوا ہوں اور چچا جان یہ بات تو آپ جیسے ہمہ دان عالم سے چھپی ہوئی نہیں
ہونی چاہیے کہ جس پرندے کو پر کاٹ کر آزاد کیا جائے گا، اس کی آزادی کیسی
ہوگی۔ خیر اس قصّے کو چھوڑیے۔   (چچا سام کے نام ایک خط)

لیکن تقسیم ایک ایسا قصہ تھا جسے زندگی کے آخری لمحوں تک وہ بھول نہیں پایا۔ آزادی
کے ساتھ ہی بٹوارہ ہو چکا تھا اور تشدّد کے بہیمانہ اور بے شرمانہ orgy show کے بعد ایک نئے
ملک کی داغ بیل ڈالی جا چکی تھی۔ مذہب کے نام پر ہونے والی یہ تقسیم منٹو کے لیے محض
جغرافیائی تقسیم نہیں تھی بلکہ یہ ایک ایسی تقسیم تھی جس نے بہت سے تاریخی ، ذہنی اور جذباتی
رشتوں کو کاٹنا شروع کر دیا تھا۔ منٹو تاریخ کے اس بے رحم فیصلے کو قبول نہیں کر پا رہا تھا مگر تقسیم نہ
صرف اپنے مضبوط پیروں کے ساتھ اس کے سامنے کھڑی تھی بلکہ ہولناک نتائج اور
repercussion کے اندیشے اس کے سامنے دانت نکالے ہنس رہے تھے۔ 31 ؍ لکشمی مینشن
سے پوسٹ ہونے والے ان خطوط میں منٹو کا یہ فراڈ بھی کارفرما ہے کہ ان میں اس نے کاتب
اور مکتوب الیہ دونوں کے پتے دانستاً غلط درج کیے۔ میرے خیال میں نہ تو یہ خط 31 ؍ لکشمی

مینشن میں رہنے والے مکین نے تحریر کیے ہیں اور نہ ہی ان خطوں کا اصل مخاطب چچا سام، حکومت جمہوریہ امریکہ ہے۔ یہ خطوط پاکستانی معاشرے کے ایک نہایت کمزور، مجبور اور بے بسی کے احساس میں مبتلا اس فرد نے تحریر کیے ہیں، جو برسراقتدار افراد اور جماعت کی کسی بھی ظلمی اور احمقانہ بات کو برداشت کرنے کو تیار نہیں اور جسے ہم قومی ضمیر کہہ سکتے ہیں اور یہ خط ان پتوں پر پوسٹ کیے گئے ہیں جن کے بے رحم ہاتھوں میں اقتدار کی کنجی اور ہجوم کی نکیل ہے ۔۔۔ مملکت کو مذہبی جمہوریت کے بجائے امریکہ اور آمریت کی طرف گھسیٹے لیے جانے والے سرد سفاک ہاتھ۔ 2008ء میں ''منٹو ہمارا معاصر'' کے عنوان سے کراچی سے ہونے والے سیمینار میں محمد منشا یاد نے سعادت حسن منٹو کو مخاطب کرتے ہوئے کہا تھا کہ:

''آج بھی ہمارے ملک اور دنیا کے تقریباً وہی حالات ہیں جو آپ کے زمانے میں تھے اور کوئی بڑی تبدیلی نہیں آئی۔ وہی مہنگائی، بے روزگاری، بدامنی، جس کی لاٹھی اس کی بھینس۔ غریبوں اور کمزوروں کا مالی، اخلاقی، جنسی اور سیاسی استحصال۔ وہی طبقاتی امتیازات، فرقہ پرستی، خون خرابہ اور لسانی تعصّبات۔ آپ نے کہا تھا کہ آپ عقیدے کی بنیاد پر ہونے والے فرقہ وارانہ فسادات میں مرنا پسند نہیں کرتے مگر اب خودکش حملوں کی صورت یہ فسادات روزمرہ کا معمول ہیں جن میں آئے دن بے شمار معصوم اور بے گناہ لوگوں کی جانیں جاتی ہیں، کشمیر کا مسئلہ بھی وہیں کا وہیں ہے جہاں آپ کے زمانے میں تھا۔ اور چچا سام سے ہمارے love-hate تعلقات بھی ویسے ہی ہیں۔''

غرض یہ کہ گزشتہ ساٹھ ستّر سال سے پاکستان اسی جگہ پر قدم تال کر رہا ہے۔ چچا سام کے خطوط میں موجود برہمی کے اظہار کی متعدد نوعیتوں کو منشا یاد کی تحریر کردہ بالا عبارت میں بھی محسوس کیا جا سکتا ہے۔ یہ پیچیدہ حالات اس بات کے متقاضی تھے کہ ان خطوط کے حوالے سے پاکستان کی سیاسی، سماجی، ثقافتی، تہذیبی اور ادبی صورتحال کا جائزہ لیا جائے اور انہیں از سرِ نو

دریافت کیا جائے۔ آج منٹو کو ہم سے جدا ہوئے نصف صدی سے زیادہ عرصہ گزر چکا ہے اور ہم منٹو صدی میں داخل ہو چکے ہیں۔ اس کی پیدائش کے سو سال مکمل ہونے پر منٹو کی یاد میں بہت سے سیمینار، سمپوزیم ہو رہے ہیں، اس کے افسانوں کو بنیاد بنا کر اسٹیج ڈرامے اور فلمیں بنائی جا رہی ہیں۔ مختلف رسائل نے اس کے فن اور شخصیت پر خصوصی شمارے اور گوشے جاری کئے ہیں اور اہم بات یہ ہے کہ یہ ساری سرگرمیاں اردو زبان تک محدود نہیں بلکہ مختلف زبان اور میڈیم کے لوگوں نے منٹو کو اپنے اپنے طور پر یاد کیا ہے۔ یہی نہیں پاکستان سرکار نے بھی اسے ''نشانِ پاکستان'' تفویض کر کے آخر کار اس کی خدمات کا اعتراف کیا ہے۔ لیکن اگر ہم وقت کے پہیے کو ذرا الٹا گھما کر دیکھیں تو پتہ چلتا ہے کہ لاہور کے لکشمی مینشن میں رہنے والے منٹو سے لکشمی ہمیشہ روٹھی رہی اور وہ زندگی بھر دولت کی دیوی کو منانے کی کوشش کرتا رہا۔ اپنے گھر کے جس صوفہ پر بیٹھ کر ''کھول دو''، ''ٹھنڈا گوشت'' اور ''ٹوبا ٹیک سنگھ'' جیسے افسانے تخلیق کیے اسی صوفہ پر بیٹھ کر روزانہ ایک افسانہ یا مضمون لکھ رہا تھا تا کہ اپنی معاشی اور نجی ضرورتوں کو flash out کر سکے۔ چچا سام کو لکھتا ہے:

''پاکستان... میرا پاکستان اپنے فنکاروں کی قدردانی میں غافل نہیں لیکن مصیبت یہ ہے کہ مجھ سے جو زیادہ حقدار ہیں ان کی فہرست بہت لمبی ہے، پچھلے دنوں میری حکومت نے خان عبدالرحمٰن چغتائی کے لیے پانچ سو روپے ماہوار تا حیات وظیفہ مقرر کیا۔ خان بہادر صاحب اللہ کے فضل سے صاحبِ جائیداد ہیں، اس لیے وہ مجھ سے کہیں زیادہ مستحق تھے۔ اس کے بعد خان بہادر ابوالاثر حفیظ جالندھری صاحب کے لیے بھی تا حیات اتنا ہی وظیفہ منظور کیا گیا ہے، اس لیے کہ وہ بھی صاحبِ ثروت ہیں۔

میری باری خدا معلوم کب آئے گی، اس لیے کہ میں الاٹ شدہ مکان میں رہتا ہوں، جس کا کرایہ بھی میں ادا نہیں کر سکتا۔''

(چچا سام کے نام ساتواں خط)

ستم یہ نہیں تھا کہ منٹو ایک ہاری ہوئی لڑائی لڑ رہا تھا ستم ظریفی یہ تھی کہ سرکار کی توجہ اپنی جانب منعطف کروانے کے لیے وہ چچا سام کے پاس خطوط کے گھوڑے پر گھوڑے دوڑا رہا تھا تا کہ اس کی جوبلی منائی جا سکے۔ کہنے کی ضرورت نہیں ہے کہ قلم سے روزی کمانے والے منٹو کا جوبلی منانے پر اصرار دراصل بحیثیت ایک ادیب شریفانہ طریقہ سے اپنے خاندان کی کفالت کرنے کے ذرائع مہیا کرنے پر تھا۔ اس منظرنامہ میں اس کی وفات کے ساتھ ستّر سال بعد پاکستان سرکار کا اسے ''نشانِ پاکستان'' سے سرفراز کرنا ایک طرح سے theatre of absurd کا ہی منظر پیش کرتا ہے۔ گو کہ رضا رومی کے مطابق پاکستان سرکار نے اس طرح اپنی تاریخی غلطی سدھار لی ہے۔ ''نشان پاکستان'' کے اعزاز سے قطع نظر اس کے افسانوں کو پاکستانی سرکار نے نصاب میں شامل کر لیا مگر کانٹ چھانٹ کر... (اس فقرے پر مجھے اعتراض کانٹ چھانٹ پر اتنا نہیں جتنا لفظ مگر پر ہے) گو یا پورا منٹو ہمیں ابھی تک قبول نہیں ہے۔ ''اگر'' اور ''مگر'' جیسے الفاظ اب بھی اس کی جان سے چمٹے ہوئے ہیں۔ غور کریں تو یہ ''اگر'' اور ''مگر'' کی نفسیات ہی ہے جس نے چچا سام کے خطوط پر نظر ڈالنے میں تامل برتا ہے۔ ضرورت اس بات کی ہے کہ محدود قسم کی سیاسی، سماجی، نظریاتی ثقافتی اور ذہنی وابستگیوں سے بلند ہو کر ان خطوط کا محاسبہ اور تجزیہ یہ کیا جائے تا کہ ان خطوط کا حقیقی مفہوم اور قدر و قیمت متعین ہو پائے۔ افسوس کی بات یہ ہے کہ دیانت داری سے انہیں سمجھنے کی کوششیں سرحد کے دونوں طرف نہیں کی گئی جبکہ ان خطوط نے منٹو کو اپنے عصر سے زیادہ برمحل بنا دیا ہے۔ اس وقت جو کچھ اس کے سامنے تھا، بحیثیت ایک شہری اور ادیب اسے پروسا جا رہا تھا... مملکتِ خداداد کے آسمان سے اترنے والا ہر وہ جو رجسے وہ براہ راست اپنے جسم اور اپنی روح پر وصول کر رہا تھا اسے پوری قوت اور استدلال کے ساتھ وہ رد کر رہا تھا... چیختے ہوئے... شمیم حنفی نے بالکل ٹھیک لکھا ہے:

''منٹو کی تحریروں میں چچا سام کے نام اس کے کئی خطوط بھی
ہیں، بے نتیجہ۔ چچا سام نے اپنی چال بدلی نہ منٹو کا حال بدلا۔ ایک کی دیوانگی

اقتدار کا نشہ تھی دوسرے کی دیوانگی ایک انفرادی بے بسی کا انجام۔''

یہ خطوط اندھیرے میں نکلی چیخ کی طرح ہیں اور اس چیخ کے ساتھ بہت سے دیکھے، اندیکھے چہرے، کہیں ان کی پتائیں بھی لپٹی ہوئی ہیں۔ یہ کہا گیا ہے اور اکثر کہا جاتا ہے کہ منٹو کے پاس کوئی ایسا اثباتی وژن نہیں تھا جو ایک نئے معاشرے کی تعبیر پیش کرتا لیکن اس سے بھی انکار ممکن نہیں کہ ان خطوط میں دھندلا ہی سہی ایک ایسا نظامِ حیات کا خاکہ اور ڈھانچہ ضرور موجود ہے جہاں فرد اور معاشرے میں ایک متوازن رشتہ قائم ہو سکے۔ ان خطوط میں جا بجا ایسی عبارتیں ہیں جس میں منٹو اپنی ذات کے نہاں خانے میں غوطہ زن ہونے اور احساس و جذبے کی لے پر اپنے اظہار کے آہنگ کو استوار کرتا نظر آتا ہے۔ ان میں اس کی مضطرب روح اور گھائل حسیت کا نکتہ رس بیان ملتا ہے۔ منٹو کا سماجی و سیاسی سروکار اس قدر توانا تھا کہ معلوم ہوتا ہے کہ اس نے خود کو ادب کا وزیر داخلہ فقط ترقی پسندوں کی ضد میں آ کر ہی کہا ہے وگرنہ اس کا اصل قلمدان تو ادب کے وزیر خارجہ کا ہی ہے۔ اسی سماجی و سیاسی اسٹرکچر میں وہ اپنے وجود کی معنویت کھوج رہا تھا۔ پاکستان کے ایک شہری کی حیثیت سے بھی اور ایک ادیب کی حیثیت سے بھی۔ وقت نے منٹو کو ایک ایسے منجدھار میں ڈال دیا تھا جہاں کوئی رسی، کوئی لائف بوٹ اس تک نہیں پہنچ رہی تھی۔ اسے خود ہی اپنے کنارے تلاش کرنے تھے۔ یہ خطوط ایک ڈوبتے آدمی کا کنارے تلاش کرنے کی چھپٹ پٹاہٹ سے ہی عبارت ہیں ...

مگر یہ آدمی کون ہے؟

ہندوستان سے کٹ کر آزاد ہونے والا کوئی ملک تو نہیں ... ؟

الامان والحفیظ

چچا سام کے نام ایک خط

۱۳۔ لکشمی مینشنز، ہال روڈ لاہور

مورخہ ۱۶ دسمبر ۱۹۵۱ء

چچا جان۔ السلام علیکم!

یہ خط آپ کے پاکستانی بھتیجے کی طرف سے ہے، جسے آپ نہیں جانتے، جسے آپ کی سات آزادیوں کی مملکت میں شاید کوئی بھی نہیں جانتا۔

میرا ملک ہندوستان سے کٹ کر کیوں بنا، کیسے آزاد ہوا، یہ تو آپ کو اچھی طرح معلوم ہے۔ یہی وجہ ہے کہ میں خط لکھنے کی جسارت کر رہا ہوں، کیونکہ جس طرح میرا ملک کٹ کر آزاد ہوا، اسی طرح میں کٹ کر آزاد ہوا ہوں اور چچا جان یہ بات تو آپ جیسے ہمہ دان عالم سے چھپی ہوئی نہیں ہونی چاہیے کہ جس پرندے کو پر کاٹ کر آزاد کیا جائے گا، اس کی آزادی کیسی

ہوگی۔ خیر اس قصّے کو چھوڑیے۔

میرا نام سعادت حسن منٹو ہے اور میں ایک ایسی جگہ پیدا ہوا تھا جو اب ہندوستان میں ہے۔ میری ماں وہاں دفن ہے میرا باپ وہاں دفن ہے، میرا پہلا بچہ بھی اسی زمین میں سو رہا ہے لیکن اب وہ میرا وطن نہیں، میرا وطن اب پاکستان ہے جو میں نے انگریزوں کے غلام ہونے کی حیثیت میں پانچ چھ مرتبہ دیکھا تھا۔

میں پہلے سارے ہندوستان کا ایک بڑا افسانہ نگار تھا۔ اب پاکستان کا ایک بڑا افسانہ نگار ہوں۔ میرے افسانوں کے کئی مجموعے شائع ہو چکے ہیں۔ لوگ مجھے عزت کی نگاہوں سے دیکھتے ہیں۔ سالم ہندوستان میں مجھ پر تین مقدمے چلے تھے، یہاں پاکستان میں ایک، لیکن اسے ابھی بنے کتنے برس ہوئے ہیں۔

انگریزوں کی حکومت بھی مجھے فحش نگار سمجھتی تھی۔ میری اپنی حکومت کا بھی میرے متعلق یہی خیال ہے۔ انگریزوں کی حکومت نے مجھے چھوڑ دیا تھا لیکن میری اپنی حکومت مجھے چھوڑتی نظر نہیں آتی۔ عدالت ماتحت نے مجھے تین ماہ قید با مشقّت اور تین سو روپے جرمانے کی سزا دی تھی۔ سیشن میں اپیل کرنے پر میں بری ہو گیا مگر میری حکومت سمجھتی ہے کہ اس کے ساتھ نا انصافی ہوئی ہے چنانچہ اب اس نے ہائی کورٹ میں اپیل کی ہے کہ سیشن کے فیصلے پر نظر ثانی کرے اور مجھے قرار واقعی سزا دے ... دیکھیے عدالت عالیہ کیا فیصلہ دیتی ہے۔

میرا ملک آپ کا ملک نہیں اس کا مجھے افسوس ہے۔ اگر عدالت عالیہ مجھے سزا دے تو میرے ملک میں ایسا کوئی پرچہ نہیں جو میری تصویر چھاپ سکے۔ میرے تمام مقدموں کی روداد کی تفصیل چھاپ سکے۔

میرا ملک بہت غریب ہے اس کے پاس آرٹ پیپر نہیں ہے، اس کے پاس اچھے چھاپے خانے نہیں ہیں۔ اس کی غربت کا سب سے بڑا ثبوت میں ہوں۔ آپ کو یقین نہیں آئے گا چاچا جان بیس کتابوں کا مصنف ہونے کے بعد بھی میرے پاس رہنے کے لیے مکان نہیں۔ اور یہ سن کر تو آپ حیرت میں غرق ہو جائیں گے کہ میرے پاس سواری کے لیے کوئی پیکارڈ ہے، نہ ڈوج، سکینڈ ہینڈ موٹر کار بھی نہیں۔

مجھے کہیں بھی جانا ہوتو سائیکل کرائے پر لیتا ہوں ، اخبار میں اگر میرا کوئی مضمون چھپ
جائے اور سات روپے فی کالم کے حساب سے مجھے بیس پچیس روپے مل جائیں ،تو میں تانگے
میں بیٹھتا ہوں اور اپنے یہاں کی کشید کردہ شراب بھی پیتا ہوں ، یہ ایسی شراب ہے کہ اگر آپ
کے ملک میں کشید کی جائے تو آپ ڈسٹلری کو ایٹم بم سے اڑا دیں ، کیونکہ ایک برس کے اندر اندر
ہی یہ خانہ خراب انسان کو نیست و نابود کر دیتی ہے۔

میں کہاں کا کہاں پہنچ گیا۔ اصل میں مجھے بھائی ارسکاٹن کولڈ ول کو آپ کے ذریعے
سے سلام بھیجنا تھا۔ان کو تو خیر آپ جانتے ہی ہوں گے ،ان کے ایک ناول ''گوڈز لٹل ایکٹر
'' پر آپ مقدمہ چلا چکے ہیں ، جرم وہی تھا جو اکثر یہاں میرا ہوتا ہے، یعنی فحاشی۔

یقین جانیے چچا جان مجھے بڑی حیرت ہوئی تھی جب میں نے سنا تھا کہ اُن کے ناول
پر سات آزادیوں کے ملک میں فحاشی کے الزام میں مقدمہ چلا ہے۔آپ کے یہاں تو ہر چیز
ننگی ہے۔ آپ تو ہر چیز کا چھلکا اتار کر الماریوں میں سجا کر رکھتے ہیں ۔ وہ پھل ہو یا عورت
، مشین ہو یا جانور، کتاب ہو یا کیلنڈر، آپ ننگ کے بادشاہ ہیں۔ میرا خیال تھا آپ کے ملک
میں طہارت کا نام فحاشی ہوگا مگر چچا جان آپ نے یہ کیا غضب کیا کہ بھائی ارسکاٹن کولڈ ول پر
مقدمہ چلا دیا۔

میں اس صدمے سے متاثر ہو کر اپنے ملک کی کشید کردہ شراب زیادہ مقدار میں پی کر
یقیناً مر گیا ہوتا ،اگر میں نے فوراً ہی اس مقدمے کا فیصلہ نہ پڑھ لیا ہوتا۔ یہ میرے ملک کی بدقسمتی
تو ہوئی کہ ایک انسان خس کم جہاں پاک ہونے سے رہ گیا۔لیکن پھر میں آپ کو یہ خط کیسے
لکھتا۔ ویسے میں بڑا سعادت مند ہوں ۔ مجھے اپنے ملک سے پیار ہے۔انشاءاللہ تھوڑے ہی دنوں
میں مر جاؤں گا۔ اگر خود نہیں مروں گا تو خود بخود مر جاؤں گا۔ کیونکہ جہاں آٹا روپے کا پونے تین
سیر ملتا ہو، وہاں بڑا ہی بے غیرت انسان ہوگا، جو زندگی کے روایتی چار دن گزار سکے۔

ہاں تو میں نے مقدمے کا فیصلہ پڑھا اور میں نے خانہ ساز شراب زیادہ مقدار میں پی
کر خودکشی کا ارادہ ترک کر دیا... بھئی چچا جان کچھ بھی ہو آپ کے ہاں ہر چیز ملمع چڑھی ہے۔
لیکن وہ جج جس نے بھائی جان ارسکاٹن کو فحاشی کے جرم سے بری کیا۔ اس کے دماغ پر یقیناً

ملمع کا جھول نہیں تھا... اگر یہ جج (افسوس ہے کہ میں ان کا نام نہیں جانتا) زندہ ہیں تو ان کو میرا عقیدت مندانہ سلام ضرور پہنچا دیجئے۔

ان کے فیصلے کی یہ آخری سطر ان کے دماغ کی وسعت کا پتہ دیتی ہے۔ ''میں ذاتی طور پر محسوس کرتا ہوں کہ ایسی کتابوں کو سختی سے دبا دینے پر پڑھنے والوں میں خواہ مخواہ تجسس اور استعجاب پیدا ہوتا ہے جو انہیں شہوت پسندی کی ٹوہ لگانے کی طرف مائل کر دیتا ہے۔ حالانکہ اس کتاب کا یہ منشا نہیں ہے۔ مجھے پورا یقین ہے کہ اس کتاب میں مصنف نے صرف وہی چیز منتخب کی ہے جسے امریکی زندگی کے کسی مخصوص طبقے کے متعلق سچا خیال کرتا ہے۔ میری رائے میں سچائی کو ادب کے لیے ہمیشہ جائز قرار دینا چاہئے۔''

میں نے عدالتِ ماتحت سے یہی کہا تھا، لیکن اس نے مجھے تین ماہ قیدِ بامشقّت اور تین سو روپے کی سزا دے دی... اس کی رائے یہ تھی کہ سچائی کو ادب سے ہمیشہ دور رکھنا چاہئے۔ اپنی اپنی رائے ہے۔

میں تین ماہ قیدِ بامشقّت کاٹنے کے لیے تیار ہوں لیکن یہ تین سو روپے کا جرمانہ مجھ سے ادا نہیں ہوگا۔ چچا جان آپ نہیں جانتے میں بہت غریب ہوں... مشقّت کا تو میں عادی ہوں لیکن روپوں کا عادی نہیں۔ میری عمر انتالیس برس کے قریب ہے اور یہ سارا زمانہ مشقّت ہی میں گزرا ہے، آپ ذرا غور فرمائیے کہ اتنا بڑا مصنف ہونے پر بھی میرے پاس کوئی پیکارڈ نہیں۔

میں غریب ہوں اس لیے کہ میرا ملک غریب ہے، مجھے تو پھر دو وقت کی روٹی کسی نہ کسی حیلے مل جاتی ہے، مگر میرے بھائی کچھ ایسے بھی ہیں جنہیں یہ بھی نصیب نہیں ہوتی۔

میرا ملک غریب ہے... جاہل ہے۔ کیوں؟ یہ تو آپ کو بخوبی معلوم ہے چچا جان، یہ آپ کے اور آپ کے بھائی جان بل کے مشترکہ ساز کا ایسا تار ہے جسے میں چھیڑنا نہیں چاہتا۔ اس لیے کہ آپ کی سماعت پر گراں گزرے گا۔ میں یہ خط ایک برخوردار کی حیثیت سے لکھ رہا ہوں۔ اس لیے مجھے اول تا آخر برخوردار ہی رہنا چاہئے۔

آپ ضرور پوچھیں گے اور بڑی حیرت سے پوچھیں گے کہ تمہارا ملک غریب کیونکر ہے

جب کہ میرے ملک سے اتنی پیکارڈیں ہیں، اتنی بیوکیں، میکس فیکٹر کا اتنا سامان جاتا ہے، یہ سب ٹھیک ہے چچا جان، مگر میں آپ کے اس سوال کا جواب نہیں دوں گا، اس لیے آپ اس کا جواب اپنے دل سے پوچھ سکتے ہیں۔ (اگر آپ نے اپنے قابل سرجنوں سے کہہ کر اسے اپنے پہلو سے نکلوا نہ ڈالا ہو۔)

میرے ملک کی وہ آبادی جو پیکارڈوں اور بیوکوں پر سوار ہوتی ہے میرا ملک نہیں ... میرا ملک وہ ہے جس میں مجھ ایسے اور مجھ سے بدتر مفلس بستے ہیں۔

یہ بڑی تلخ باتیں ہیں۔ ہمارے یہاں شکر کم ہے ورنہ میں ان پر چڑھا کر آپ کی خدمت میں پیش کرتا۔ اس کو بھی چھوڑیئے بات دراصل یہ ہے کہ میں نے حال ہی میں آپ کے دوست ملک کے ایک ادیب Evelyn Waugh کی تصنیف The Loved Ones پڑھی ہے میں اس سے اتنا متاثر ہوا کہ آپ کو یہ خط لکھنے بیٹھ گیا۔

آپ کے ملک کی انفرایت کا میں یوں بھی معترف تھا مگر یہ کتاب پڑھ کر تو میرے منہ سے بے اختیار نکلا

جو بات کی خدا کی قسم لاجواب کی

واہ وا، واہ وا، واہ وا

چچا جان! واللہ مزہ آ گیا۔ کیسے زندہ لوگ آپ کے ملک میں بستے ہیں۔

ایوی لن ہمیں بتاتا ہے کہ آپ کے کیلی فورنیا میں مردوں یعنی بچھڑے ہوئے عزیزوں پر بھی ملمع کاری کی جا سکتی ہے اور اس کے لیے بڑے بڑے ادارے موجود ہیں۔ مرنے والے عزیز کی شکل مکروہ ہو تو ان میں سے کسی میں بھیج دیے، فارم موجود ہے، اس میں اپنی خواہشات درج کر دیجئے، کام حسبِ منشا ہو گا۔ یعنی مردے کو آپ جتنا خوبصورت بنوانا چاہیں، دام دے کر بنوا سکتے ہیں، اچھے سا اچھا ماہر موجود ہے، جو مردے کے جبڑے کا آپریشن کر کے اس پر میٹھی سے میٹھی مسکراہٹ ثبت کر سکتا ہے۔ آنکھوں میں روشنی پیدا کی جا سکتی ہے۔ ماتھے پر حسبِ ضرورت نور پیدا کیا جا سکتا ہے اور یہ سب کام ایسی چابکدستی سے ہوتا ہے کہ قبر میں منکیر نکیر بھی دھوکہ کھا جائیں۔

بھی خدا کی قسم چچا جان، آپ کے ملک کا کوئی جواب پیدا نہیں کر سکتا۔

زندوں پر آپریشن سنا تھا، پلاسٹک سرجری سے زندہ آدمیوں کی شکل سنواری جا سکتی ہے، اس کے متعلق بھی یہاں کچھ چرچے ہوئے تھے مگر یہ نہیں سنا تھا کہ آپ مردوں تک کی شکل سنوار دیتے ہیں۔

یہاں آپ کے ملک کا ایک سیاح آیا تھا۔ چند احباب نے مجھ سے ان کا تعارف کرایا۔ اس وقت میں بھائی ایویلن وا کی کتاب پڑھ چکا تھا۔ میں نے ان سے ان کے ملک کی تعریف کی اور یہ شعر پڑھا۔

ایک ہم ہیں کہ لیا اپنی ہی صورت کو بگاڑ

ایک وہ ہیں جنہیں تصویر بنا آتی ہے

سیاح صاحب میرا مطلب نہ سمجھے مگر حقیقت یہ ہے چچا جان کہ ہم نے اپنی صورت کو بگاڑ رکھا ہے۔ اتنا مسخ کر رکھا ہے کہ اب وہ پہچانی بھی نہیں جاتی۔ اپنے آپ سے بھی نہیں...اور ایک آپ ہیں کہ اپنے مکروہ صورت مردوں تک کی شکل سنوار دیتے ہیں۔ حق تو یہ ہے کہ اس دنیا کے تختے پر ایک صرف آپ کی قوم ہی کو زندہ رہنے کا حق حاصل ہے۔ بخدا باقی سب جھک مار رہے ہیں۔

ہماری زبان میں اردو کا ایک شاعر غالبؔ ہوا ہے۔ اس نے آج سے قریب قریب ایک صدی پہلے کہا تھا۔

ہوئے مر کے ہم جو رسوا، ہوئے کیوں نہ غرق دریا

نہ کہیں جنازہ اٹھتا، نہ کہیں مزار ہوتا

غریب کو زندگی میں اپنی رسوائی کا ڈر نہیں تھا، کیونکہ وہ اوّل تا آخر رسوائے زمانہ رہی۔ اس کو خوف اس بات کا تھا کہ بعد از مرگ رسوائی ہوگی۔ آدمی وضعدار تھا۔ خوف نہیں بلکہ یقین تھا، اسی لیے اس نے غرق دریا ہونے کی خواہش کی کہ جنازہ اٹھے نہ مزار بنے۔

کاش وہ آپ کے ملک میں پیدا ہوا ہوتا۔ آپ اس کا بڑی شان و شوکت سے جنازہ اٹھاتے اور اس کا مزار اسکائی سکریپر کی صورت بناتے اور اگر اسی کی خواہش پر عمل کرتے تو شیشے

کا ایک حوض تیار کرتے جس میں اس کی لاش رہتی دنیا تک غرق رہتی اور چڑیا گھر میں لوگ اسے جا جا کر دیکھتے۔

بھائی ایوی لن وا بتا تا ہے کہ وہاں مردہ انسانوں ہی کے لیے نہیں مردہ حیوانوں کی نوک پلک درست کرنے والے ادارے بھی موجود ہیں۔ حادثے میں اگر کسی کتے کی دم کٹ جاتی ہے تو دوسری لگا دی جاتی ہے۔ مرحوم کی شکل وصورت میں اس کی زندگی کے جتنے عیب تھے اس کی موت کے بعد چابکدست ہاتھ درست کر دیتے ہیں۔ اسے شان وشوکت کے ساتھ دفنا دیا جاتا ہے۔ اس کی تربت پر پھول چڑھانے کا انتظام بھی کر دیا جاتا ہے۔ اور ہر سال جس روز کسی کا پالتو مرا ہو اس ادارے کی طرف سے ایک کارڈ بھیج دیا جاتا ہے، جس پر کچھ اس قسم کی عبارت ہوتی ہے۔

’’جنت میں آپ کی ٹیمی یا جفی آپ کی یاد میں اپنی دم یا کان ہلا رہا ہے۔‘‘

ہم سے تو آپ کے ملک کے کتّے ہی اچھے۔ یہاں آج مرے کل دوسرا دن۔ کسی کا کوئی عزیز مرتا ہے تو اس غریب پر ایک آفت ٹوٹ پڑتی ہے اور وہ دل ہی دل میں چلاتا ہے۔ ’’کم بخت یہ کیوں مرا... مجھے ہی موت آ گئی ہوتی!‘‘ سچ تو یہ ہے چچا جان ہمیں مرنے کا سلیقہ آتا ہے نہ جینے کا۔

آپ کے ملک میں ایک صاحب نے ایک کمال کر دیا ان کو یقین نہیں تھا کہ ان کی موت کے بعد ان کا جنازہ سلیقے اور قرینے سے اٹھے گا۔ چنانچہ انہوں نے اپنی زندگی میں اپنے ہی کفن دفن کی بہار دیکھ لی... یہ ان کا حق تھا۔ وہ بڑی شائستگی، نفاست اور امارت کی زندگی بسر کرتے تھے۔ ہر چیز ان کی منشا کے مطابق ہوتی تھی۔ ہو سکتا ہے موت کے بعد ان کا جنازہ اٹھانے میں کسی سے کوئی کوتاہی ہو جاتی۔ بہت اچھا کیا جو انہوں نے زندگی ہی میں اپنی موت کی آرائش و زیبائش دیکھ لی۔ مرنے کے بعد ہوتا ر ہے جو ہوتا ہے۔

تازہ ’’لائف‘‘ (مورخہ ۵ نومبر ۱۹۵۱ء انٹرنیشنل ایڈیشن) دیکھا، واللہ آپ لوگوں کی زندگی کا ایک اور زندگی آموز پہلو آنکھوں کے سامنے روشن ہوا۔ دو پورے صفحوں پر تصویروں کے ساتھ آپ کے ملک کے مشہور و معروف ’’گینگسٹر‘‘ کے جنازے کی پوری روداد

مرقوم تھی ۔دلّی موریٹی (خدا اسے کروٹ کروٹ جنت نصیب کرے) کی شبیہ دیکھی ۔اس کا وہ عالی شان گھر دیکھا جو اس نے حال ہی میں پچپن ہزار ڈالر میں فروخت کیا تھا اور اس کی پانچ ایکڑ کی اسٹیٹ بھی دیکھی جہاں وہ دنیا کے ہنگاموں سے الگ ہو کر آرام اور چین کی زندگی بسر کرنا چاہتا تھا اور مرحوم کا وہ فوٹو بھی دیکھا جس میں وہ بستر پر ہمیشہ کے لیے آنکھیں بند کئے لیٹا ہے اور اس کا پانچ ہزار ڈالر کا تابوت اور اس کے جنازے کا جلوس جو پھولوں سے لدی پھندی گیارہ بڑی بڑی طوزینوں اور پچھتر کاروں پر مشتمل ہے ... اللہ واحد شاہد ہے آنکھوں میں آنسو آ گئے۔

خاکم بدہن! اگر آپ انتقال فرما جائیں تو خدا آپ کو دلّی موریٹی سے زیادہ عزت اور شان عنایت فرمائے ... یہ پاکستان کے ایک غریب مصنف کی دلی دعا ہے، جس کے پاس سواری کے لیے ایک ٹوٹی پھوٹی سائیکل بھی نہیں ۔ وہ آپ سے ایک ایسی استدعا بھی کرتا ہے، کہ کیوں نہ آپ اپنے ملک کے دوراندیش آدمی کی طرح اپنی زندگی ہی میں اپنا جنازہ اٹھتا دیکھ لیں ... بندہ بشر ہے، ہو سکتا ہے کسی سے بھول چوک ہو جائے ۔ ہو سکتا ہے آپ کے چہرے کا کوئی خط سنور نے سے رہ جائے اور آپ کی روح کو تکلیف پہنچے ... مگر بہت ممکن ہے آپ یہ خط پہنچنے سے پہلے ہی اپنا جنازہ اپنی حسبِ منشا عظیم الشان دھوم دھام سے اٹھوا کے دیکھ چکے ہوں ... اس لیے کہ آپ مجھ سے کہیں زیادہ صاحبِ فہم و ادراک ہیں اور میرے چچا ہیں۔ بھائی اسکارٹن کولڈ ول کو سلام ۔ جج کو بھی جنہوں نے ان کو فحاشی کے جرم سے بری کیا تھا۔ کوئی گستاخی ہو گئی ہو تو اسے معاف فرمائیں، زیادہ حدِ ادب ۔

آپ کا مفلس بھتیجا

سعادت حسن منٹو

(یہ خط پوسٹیج اسٹیمپ خرید نہ سکنے کے باعث پوسٹ نہ کیا جا سکا)

چچا سام کے نام دوسرا خط

مکرّمی و محترمی چچا جان

تسلیمات!

عرصہ ہوا میں نے آپ کی خدمت میں ایک خط ارسال کیا تھا... آپ کی طرف سے تو اس کی کوئی رسید نہ آئی مگر کچھ دن ہوئے آپ کے سفارت خانے کے ایک صاحب جن کا اسمِ گرامی مجھے اس وقت یاد نہیں، شام کو میرے غریب خانے پر تشریف لائے، ان کے ساتھ ایک سوڈیشی نوجوان بھی تھے ان صاحبان سے جو گفتگو ہوئی، وہ مختصراً بیان کر دیتا ہوں۔

ان صاحب سے انگریزی میں مصافحہ ہوا۔ مجھے حیرت ہے کہ چچا جان کہ وہ انگریزی بولتے تھے، امریکی نہیں، جو میں ساری عمر نہیں سمجھ سکتا۔

بہر حال ان سے آدھ پون گھنٹہ باتیں ہوئیں۔ وہ مجھ سے مل کر بہت خوش ہوئے، جس

طرح ہر امریکی پاکستانی یا ہندوستانی سے مل کر خوش ہوتا ہے۔ میں نے بھی یہی ظاہر کیا ہے کہ مجھے بڑی مسرت ہوئی ہے حالانکہ حقیقت یہ ہے کہ مجھے سفید فام امریکنوں سے مل کر کوئی راحت یا مسرت نہیں ہوتی۔

آپ میری صاف گوئی کا برا نہ مانیے گا... پچھلی بڑی جنگ کے دوران میرا قیام بمبئی میں تھا۔ ایک روز مجھے بمبئے سنٹرل ریلوے اسٹیشن جانے کا اتفاق ہوا۔ان دنوں وہاں آپ ہی کے ملک کا دورہ دورہ تھا۔ بیچارے ٹامیوں کو کوئی پوچھتا ہی نہیں تھا۔بمبئی میں جتنی اینگلو انڈین، یہودی اور پارسی لڑکیاں جو عصمت فروشی کو از راہ فیشن اختیار کیے ہوئے تھیں،امریکی فوجیوں کی بغل میں چلی گئیں۔

چچا جان، میں آپ سے سچ عرض کرتا ہوں کہ جب آپ کے امریکہ کا کوئی فوجی کسی یہودن، پارسی یا اینگلو انڈین لڑکی کو اپنے ساتھ چمٹائے گزرتا تھا تو ٹامیوں کے سینے پر سانپ لوٹ جاتے تھے۔

اصل میں آپ کی ہرادا انزالی ہے۔... ہمارے فوجی کو تو یہاں اتنی تنخواہ ملتی ہے کہ وہ اس کا آدھا پیٹ بھی نہیں بھر سکتی۔مگر آپ ایک معمولی چیز اسی کو اتنی تنخواہ دیتے ہیں کہ اگر اس کے دو پیٹ ہیں تو وہ ان کو بھی ناک تک بھر دے۔

چچا جان، گستاخی معاف... کیا یہ فراڈ تو نہیں... آپ اتنا روپیہ کہاں سے لاتے ہیں؟ چھوٹا منہ اور بڑی بات ہے لیکن آپ جو کام کرتے ہیں اس میں ایسا معلوم ہوتا ہے کہ نمائش ہی نمائش ہے۔... ہو سکتا ہے میں غلطی پر ہوں مگر غلطیاں انسان ہی کرتا ہے اور میرا خیال ہے کہ آپ بھی انسان ہیں اگر نہیں ہیں تو اس کے متعلق کچھ نہیں کہہ سکتا۔

میں کہاں سے کہاں چلا گیا... بات بمبئی سینٹرل ریلوے اسٹیشن کی تھی۔ میں نے وہاں آپ کے کئی فوجی دیکھے۔ان میں زیادہ تر سفید فام تھے... کچھ سیاہ فام بھی تھے۔میں آپ سے سچ عرض کروں کہ یہ کالے فوجی سفید فوجیوں کے مقابلے میں کہیں زیادہ تنومند اور صحت مند تھے۔

میری سمجھ میں نہیں آتا کہ آپ کے ملک کے لوگ اس کثرت سے چشمہ کیوں استعمال

کرتے ہیں۔ گوروں نے تو خیر چشمے لگائے ہوئے تھے لیکن کالوں نے بھی جنہیں آپ جبشی کہتے ہیں اور بوقت ضرورت ''لنچ'' کر دیتے ہیں۔ کیوں عینک کی ضرورت محسوس کرتے ہیں۔ میرا خیال ہے کہ یہ سب آپ کی حکمت عملی ہے... آپ چونکہ پانچ آزادیوں کے مدعی ہیں، اس لیے آپ چاہتے ہیں کہ وہ لوگ جنہیں آپ بڑی آسانی سے ہمیشہ کے لیے آرام کی نیند سلا سکتے ہیں اور سلاتے رہے ہیں، ایک موقعہ دیا جائے کہ وہ آپ کی دنیا کو آپ کی عینک سے دیکھ سکیں۔

میں نے وہاں بمبئی سنٹرل کے اسٹیشن پر ایک جبشی فوجی کو دیکھا۔ اس کے ہونٹ موٹے موٹے تھے... وہ اتنا تنومند تھا کہ میں ڈر کے مارے سکڑ کر آدھا رہ گیا۔ لیکن پھر بھی میں نے جرأت سے کام لیا۔

وہ اپنے سامان سے ٹیک لگائے سُستا رہا تھا۔ میں اس کے پاس گیا۔ اس کی آنکھیں مندی ہوئی تھیں میں نے بوٹ کے ذریعہ آواز پیدا کی۔ اس نے آنکھیں کھولیں تو میں نے اس سے انگریزی میں کہا، جس کا مفہوم یہ تھا۔ ''میں یہاں سے گزر رہا تھا، لیکن آپ کی شخصیت دیکھ کر ٹھہر گیا۔'' اس کے بعد میں نے مصافحہ کے لیے ہاتھ بڑھایا۔

اس کالے کلوٹے فوجی نے جو چشمہ لگائے ہوئے تھا، اپنا فولادی پنجہ میرے ہاتھ میں پیوست کر دیا۔ قریب تھا کہ میری ساری ہڈیاں چُور چُور ہو جائیں کہ میں نے اس سے التجا کی۔ ''خدا کے لیے... بس اتنا ہی کافی ہے۔''

اس کے کالے کالے اور موٹے موٹے ہونٹوں پر مسکراہٹ پیدا ہوئی اور اس نے ٹھیٹ امریکی لہجے میں مجھ سے پوچھا۔ ''تم کون ہو؟''

میں نے اپنا ہاتھ سہلاتے ہوئے جواب دیا۔ ''میں یہاں کا باشندہ ہوں... یہاں اسٹیشن پر تم نظر آ گئے تو بے اختیار میرا جی چاہا کہ تم سے دو باتیں کرتا جاؤں۔''

اس نے مجھ سے عجیب و غریب سوال کیا۔ ''اتنے فوجی موجود ہیں۔ تمہیں مجھ ہی سے ملنے کا شوق کیوں پیدا ہوا؟''

چچا جان سوال ٹیڑھا تھا، لیکن جواب خود بخود میری زبان پر آ گیا۔ میں نے اس سے

کہا۔"میں کالا ہوں تم بھی کالے ہو... مجھے کالے آدمیوں سے پیار ہے۔"

وہ اور زیادہ مسکرایا۔اس کے کالے اور موٹے ہونٹ مجھے بہت بہت پیارے لگے کہ میرا جی چاہتا تھا کہ انہیں چوم لوں۔

چچا جان، آپ کے ہاں بڑی خوبصورت عورتیں ہیں۔میں نے آپ کا ایک فلم دیکھا تھا۔کیا نام تھا اس کا... ہاں یاد آ گیا۔"بیدنگ بیوٹی" یہ فلم دیکھ کر میں نے اپنے دوستوں سے کہا تھا کہ چچا جان اتنی خوبصورت ٹانگیں کہاں کہاں سے اکٹھی کرا لائے ہیں۔

میرا خیال ہے قریب دو ڈھائی سو کے قریب تو ضرور ہوں گی۔چچا جان کیا واقعی آپ کے ملک میں ایسی ٹانگیں عام ہوتی ہیں؟ اگر عام ہوتی ہیں تو خدا کے لیے (اگر آپ خدا کو مانتے ہیں) تو ان کی نمائش کم از کم پاکستان میں بند کر دیجئے۔

ہو سکتا ہے یہاں آپ کی عورتوں کے مقابلے میں کہیں زیادہ اچھی ٹانگیں ہوں... مگر چچا جان یہاں کوئی ان کی نمائش نہیں کرتا۔خدا کے لیے سوچئے کہ ہم صرف اپنی بیوی کی ہی ٹانگیں دیکھتے ہیں۔دوسری عورتوں کی ٹانگیں دیکھنا ہم اپنے آپ پر حرام سمجھتے ہیں۔ہم بڑے اور تھوڈ کس قسم کے آدمی ہیں۔

بات کہاں سے نکلی تھی، کہاں چلی گئی۔میں اس کی معذرت نہیں چاہتا کہ آپ ایسی ہی تحریر پسند کرتے ہیں۔

کہنا یہ تھا کہ آپ کے وہ صاحب جو یہاں قونصل خانے سے وابستہ ہیں، میرے پاس تشریف لائے اور مجھ سے درخواست کی کہ میں ان کے لیے افسانہ لکھوں۔میں بہت متحیر ہوا۔اس لیے کہ مجھے انگریزی میں لکھنا آتا ہی نہیں۔میں نے ان سے عرض کی۔"جناب میں اردو کا رائٹر ہوں۔میں انگریزی لکھنا نہیں جانتا۔"

انہوں نے فرمایا۔"مجھے اردو میں چاہئے۔ہمارا ایک پرچہ ہے۔جو اردو زبان میں شائع ہوتا ہے۔"

میں نے اس کے بعد مزید تفتیش کی ضرورت نہ سمجھی اور کہا۔"میں حاضر ہوں۔"

اور خدا واحد و ناظر ہے کہ مجھے نہیں معلوم تھا کہ وہ آپ کے کہے پر تشریف لائے ہیں۔

آپ نے انہیں میرا وہ خط پڑھا دیا تھا، جو میں نے آپ کو لکھا تھا۔

خیر اس قصّے کو چھوڑیے... جب تک پاکستان کو گندم کی ضرورت ہے ... میں آپ سے کوئی گستاخی نہیں کر سکتا... ویسے بھی بحیثیت پاکستانی ہونے کے (حالانکہ میری حکومت مجھے اطاعت گزار نہیں سمجھتی) میری دعا ہے کہ خدا کرے کبھی آپ کو بھی ''باجرے'' اور ''نک سک کے ساگ'' کی ضرورت پڑے اور میں اگر اس وقت زندہ ہوں تو آپ کو بھیج سکوں۔ اب سنئے کہ ان صاحب کو جن کو آپ نے بھیجا تھا مجھ سے پوچھا۔'' آپ ایک افسانے کے کتنے روپے لیں گے۔''

چچا جان ممکن ہے آپ جھوٹ بولتے ہوں... اور آپ یقیناً بولتے ہیں، بطور فن... اور یہ فن مجھے ابھی تک نصیب نہیں ہوا۔

لیکن اس روز میں نے ایک مبتدی کے طور پر جھوٹ بولا اور ان سے کہا۔'' میں ایک افسانے کے دوسو روپے لوں گا۔''

اب حقیقت یہ ہے کہ یہاں کے ناشر مجھے ایک افسانے کے لیے زیادہ سے زیادہ چالیس پچاس روپے دیتے ہیں۔ میں نے '' دوسو روپیہ'' تو کہہ دیا لیکن مجھے اس احساس سے اندرونی طور پر سخت ندامت ہوئی کہ میں نے اتنا جھوٹ کیوں بولا۔ لیکن اب کیا ہو سکتا تھا۔

لیکن چچا جان مجھے سخت حیرت ہوئی، جب آپ کے بھیجے ہوئے صاحب نے بڑی حیرت سے (معلوم نہیں وہ مصنوعی تھی یا اصلی) فرمایا۔'' صرف دوسو روپے... کم سے کم ایک افسانے کے لیے پانچ سو روپے تو ہونے چاہئیں۔''

اب میں حیرت زدہ ہو گیا کہ ایک افسانے کے لیے پانچ سو۔ یہ تو میرے خواب و خیال میں بھی نہیں آ سکتا تھا... لیکن میں اپنی بات سے کیسے ہٹ سکتا تھا۔ چنانچہ میں نے چچا جان، ان سے کہا۔'' صاحب دیکھیے، دوسو روپے ہی ہوں گے... بس اب آپ اس کے متعلق زیادہ گفتگو نہ کیجئے۔''

وہ چلے گئے... شاید وہ سمجھ چکے تھے کہ میں نے پی رکھی ہے ... وہ شراب جو میں پیتا ہوں، اس کا ذکر میں اپنے پہلے خط میں کر چکا ہوں۔

چچا جان مجھے حیرت ہے کہ میں اب تک زندہ ہوں ... حالانکہ مجھے پانچ برس ہو گئے ہیں، یہاں کا کشیدہ زہر پیتے ہوئے ... میرا خیال ہے اگر آپ تشریف لائیں تو میں کو یہ زہر پیش کروں گا، امید ہے آپ بھی میری طرح حیرت انگیز طور پر زندہ رہیں گے اور آپ کی پانچ آزادیاں بھی سلامت رہیں گی۔

خیر اس قصّے کو چھوڑیے ... دوسرے روز صبح سویرے جب کہ میں برآمدے میں شیو کر رہا تھا، آپ کے وہی صاحب تشریف لائے، مختصر سی بات چیت ہوئی۔ انہوں نے مجھے فرمایا،

’’دیکھو دوسو کی ضد چھوڑیے...‘‘ تین سو لے لیجئے۔

میں نے کہا۔’’چلو ٹھیک ہے۔ چنانچہ میں نے ان سے تین سو روپے لے لیے... روپے جیب میں رکھنے کے بعد میں نے ان سے کہا۔’’میں نے آپ سے سو روپیہ زیادہ وصول کیے ہیں۔ لیکن یہ واضح رہے کہ جو کچھ میں لکھوں گا، وہ آپ کی مرضی مطابق نہیں ہوگا۔ اس کے علاوہ اس میں کسی قسم کے ردّ بدل کے کا حق بھی میں آپ کو نہیں دوں گا۔‘‘

وہ چلے گئے ... پھر نہیں آئے چچا جان۔ اگر آپ کے پاس پہنچے ہوں اور انہوں نے آپ کو کوئی رپورٹ پہنچائی ہو تو از راہ کرم اپنے پاکستانی بھتیجے کو اس سے ضرور مطلع فرما دیں۔ میں وہ تین سو روپے خرچ کر چکا ہوں۔ اگر واپس لینا چاہیں، تو میں ایک روپیہ ماہوار کے حساب سے ادا کر دوں گا۔

امید ہے کہ آپ اپنی پانچ آزادیوں سمیت خوش و خرم ہوں گے۔

خاکسار

آپ کا مخلص بھتیجا

سعادت حسن منٹو

۱۳۔ لکشمی مینشنز، ہال روڈ، لاہور

چچا سام کے نام تیسرا خط

چچا جان، تسلیمات!

بہت مدت کے بعد آپ کو مخاطب کر رہا ہوں۔ میں دراصل بیمار تھا۔ علاج اس کا وہی آب نشاط انگیز تھا ساقی۔ مگر معلوم ہوا، کہ یہ محض شاعری ہی شاعری ہے۔ معلوم نہیں ساقی کس جانور کا نام ہے۔ آپ لوگ تو اسے عمر خیام کی رباعیوں والی حسین و جمیل فتنہ ادا اور عشوہ طراز معشوقہ کہتے ہیں جو بلور کی نازک گردن صراحیوں سے اس خوش قسمت شاعر کو جام بھر بھر کر دیتی تھی۔ مگر یہاں تو کوئی مونچھوں والا بدشکل لونڈا بھی اس کام کے لیے نہیں ملتا۔

یہاں سے حسن بالکل رفو چکر ہو گیا ہے۔ عورتیں پردے سے باہر تو آئی ہیں مگر انہیں دیکھ کر جی چاہتا ہے کہ وہ پردے کے پیچھے ہی رہتیں تو اچھا تھا۔ آپ کے میکس فیکٹر نے ان کا حلیہ اور بھی مسخ کر کے رکھ دیا ہے۔ آپ مفت گندم بھیجتے ہیں۔ مفت لٹریچر بھیجتے ہیں۔ مفت

ہتھیار بھیجتے ہیں۔ کیوں نہیں آپ سو دو سو تھیٹ امریکی لڑکیاں یہاں روانہ کر دیتے جو ساقی
گری کے فرائض بطریق احسن انجام دیں۔

میں اپنی بیماری کا ذکر کر رہا تھا۔ اس کا باعث وہی خانہ ساز شراب تھی۔ اللہ اس خانہ
خراب کا خانہ خراب کرے۔ زہر ہے لیکن نہایت خام قسم کا۔ سب کچھ جانتا تھا، سب کچھ سمجھتا
تھا مگر:

میر کیا سادہ ہیں بیمار ہوئے جس کے سبب

اسی عطار کے لونڈے سے دوا لیتے ہیں

جانے اس عطار کے لونڈے میں کیا کشش تھی کہ حضرت میر اسی سے دوا لیتے رہے۔
حالانکہ وہی ان کے مرض کا باعث تھا۔ یہاں میں جس شراب فروش سے شراب لیتا ہوں وہ مجھ
سے بھی کہیں زیادہ مریض ہے۔ میں تو اپنی سخت جان کی وجہ سے بچ گیا لیکن اس کے بچنے کی
کوئی امید نہیں۔

تین مہینے اسپتال میں رہا ہوں۔ جنرل وارڈ میں تھا۔ مجھے وہاں آپ کی کوئی امریکی
امداد نہ ملی۔ میرا خیال ہے کہ آپ کو میری بیماری کی کوئی اطلاع نہیں ملی ورنہ آپ ضرور
وہاں سے دو تین پیٹیاں ٹیرامائی سین کی روانہ کر دیتے اور ثوابِ دارین حاصل کرتے۔

ہماری فورن پبلسٹی بہت کمزور ہے۔ اس کے علاوہ ہماری حکومت کو ادیبوں اور
شاعروں اور مصوروں سے کوئی دلچسپی نہیں۔ آخر

کس کس کی حاجت روا کرے کوئی

ہماری پچھلی مرحوم گورنمنٹ تھی، جنگ شروع ہوئی تو انگریز بہادر نے فردوسی اسلام حفیظ
جالندھری کو سونگ پبلسٹی ڈپارٹمنٹ ڈائریکٹر بنا کر ایک ہزار روپیہ ماہوار مقرر کر دیا۔ پاکستان
بنا تو اس کو صرف ایک کوٹھی اور شاید ایک پریس الاٹ ہوا۔ اب بیچارہ اخباروں میں رونا رو رہا
ہے کہ ترانہ کمیٹی نے اس کو نکال باہر کیا۔ حالانکہ سارے پاکستان میں اکیلا وہی شاعر ہے جو دنیا
کی اس سب سے بڑی اسلامی سلطنت کے لیے قومی ترانہ لکھ سکتا ہے اور اس کی دُھن بھی تخلیق
کر سکتا ہے۔

اس نے اپنی انگریز بیوی کو طلاق دے دی ہے، اس لیے کہ انگریزوں کا زمانہ ہی نہیں رہا۔ اب سنا ہے کسی امریکی بیوی کی تلاش میں ہے۔ چچا جان! خدا کے لیے اس کی مدد کیجئے ایسا نہ ہو کہ غریب کی عاقبت خراب ہو۔

آپ کے یوں تو لاکھوں اور کروڑوں بھتیجے ہیں۔ لیکن مجھ ایسا بھتیجا آپ کو ایٹم بم کی روشنی میں کہیں نہیں ملے گا۔ قبلہ کبھی ادھر بھی تو جہ کیجئے۔ بس آپ کی ایک نظر التفات کافی ہے۔ صرف اتنا اعلان کر دیجئے کہ آپ کا ملک (خدا) اسے رہتی دنیا تک سلامت رکھے، صرف اسی صورت میں میرے ملک کو (خدا اس کے شراب کشید کرنے والے کارخانے کو نیست و نابود کرے) فوجی امداد دینے کے لیے تیار ہوگا۔ اگر سعادت حسن منٹو اس کے حوالے کر دیا جائے۔

یہاں میری وقعت ایک دم بہت بڑھ جائے گی۔ میں اس اعلان کے بعد شمع معمّے اور ڈائریکٹر معمّے حل کرنا بند کر دوں گا۔ بڑی بڑی شخصیتیں میرے غریب خانے پر آئیں گی۔ میں آپ سے بذریعہ ہوائی ڈاک تھیٹ امریکی مسکراہٹ منگوا کر اپنے ہونٹوں پر لگا لوں گا اور اس کے ساتھ ان کا استقبال کروں گا۔

اس مسکراہٹ کے ہزار معنی ہوتے ہیں۔ مثال کے طور پر ''آپ نرے کھرے گدھے ہیں۔''… ''آپ پرلے درجے کے ذہین آدمی ہیں۔''… ''آپ سے مل کر مجھے بہت کوفت ہوئی۔''… ''آپ سے مل کر مجھے بے حد مسرت حاصل ہوئی''… ''آپ امریکہ کی بنی ہوئی بشرٹ ہیں''… ''آپ پاکستان کی بنی ہوئی ماچس ہیں''… ''آپ عرق گاؤ زبان ہیں''… ''آپ کوکا کولا ہیں۔'' وغیرہ وغیرہ۔

میں رہنا پاکستان میں ہی چاہتا ہوں کہ مجھے اس کی خاک بہت عزیز ہے، جو میرے پچھڑوں میں مستقل جگہ بنا چکی ہے، لیکن میں آپ کے ملک میں ضرور آؤں گا۔ اس لیے کہ میں اپنا کایا کلپ کرانا چاہتا ہوں۔ پچھڑے چھوڑ کر میں اپنے تمام باقی اعضاء آپ کے ماہروں کے سپرد کر دوں گا اور ان سے کہوں گا کہ وہ انہیں امریکی طرز کا بنا دیں۔ مجھے امریکی چال ڈھال بہت پسند ہے اس لیے کہ یہ چال ڈھال کا کام دیتی ہے اور اور

ڈھال چال کا۔آپ کا بشرٹ کا نیا ڈیزائن مجھے بہت بھاتا ہے۔ڈیزائن کا ڈیزائن اور اشتہار کا اشتہار۔ ہر روز یہاں آپ کے دفتر میں گئے ،مطلب کی یعنی پروپگنڈے کی چیزیں اس پر چھوائیں اور ادھر ادھر گھومتے پھرے۔کبھی شیزان میں جا بیٹھے،کبھی کافی ہاؤس میں اور کبھی چائنیز لنچ ہوم میں ۔

پھر میں ایک پیکارڈ چاہتا ہوں ،تا کہ جب میں یہ شرٹ پہنے ،منہ میں آپ کے تحفے کے طور پر دیا ہوا پائپ دبائے ہال پر سے گزروں تو لاہور کے سبھی ترقی پسند اور غیر ترقی پسند ادیبوں کو یہ محسوس ہو کہ وہ سارا وقت بھاڑ ہی جھونکتے رہے تھے۔

لیکن دیکھئے چچا جان ،اس کے پٹرول کا بندوبست آپ کو ہی کرنا پڑے گا ،ویسے میں آپ سے وعدہ کرتا ہوں کہ پیکارڈ ملتے ہی میں ایک افسانہ لکھوں گا جس کا عنوان ہوگا۔''ایران کا نو من تیل اور رادھا''...یقین مانئے اس افسانے کے شائع ہوتے ہی ایران کے تیل کا سارا ٹنٹا ہی ختم ہو جائے گا اور مولانا ظفر علی خاں کو جو ابھی تک بقیدِ حیات ہیں،اپنے اس شعر میں مناسب وموزوں ترمیم کرنا پڑے گی ۔

وائے ناکامی کہ چشمے تیل کے سوکھے تمام

لے کے لانڈ جارج بھاگے کنستر ٹین کا

ایک چھوٹا سا ،نھا منّا ایٹم بم تو میں آپ سے ضرور لوں گا۔ میرے دل میں مدّت سے یہ خواہش دبی پڑی ہے کہ میں اپنی زندگی میں ایک نیک کام کروں۔ آپ پوچھیں گے۔ یہ نیک کام کیا ہے؟

آپ نے تو خیر کئی نیک کام کیے ہیں اور بدستور کیے جا رہے ہیں ... آپ نے ہیروشیما کو صفحہ ہستی سے نابود کیا ،ناگاساکی کو دھوئیں اور گرد و غبار میں تبدیل کر دیا۔اس کے ساتھ ساتھ آپ نے جاپان میں لاکھوں امریکی بچّے پیدا کیے۔

فکر ہر کس بقدر ہمت اوست ... میں ایک ڈرائی کلین کرنے والے کو مارنا چاہتا ہوں ۔ ہمارے یہاں بعض مولوی قسم کے حضرات پیشاب کرتے ہیں تو ڈھیلا لگاتے ہیں ... مگر آپ کیا سمجھیں گے ... بہر حال معاملہ کچھ یوں ہوتا ہے کہ پیشاب کرنے کے بعد صفائی

کی خاطر کوئی ڈھیلا اٹھاتے ہیں اور شلوار کے اندر ہاتھ ڈال کر سرِ بازار ڈرائی کلین کرتے پھرتے ہیں۔

میں بس یہ چاہتا ہوں کہ جوں ہی مجھے کوئی ایسا آدمی نظر آئے، جیب سے آپ کا دیا ہوا منی ایچر ایٹم بم نکالوں اور اس پر دے ماروں تا کہ وہ ڈھیلے سمیت دھواں بن کر اُڑ جائے۔ ہمارے ساتھ فوجی امداد کا معاہدہ بڑے معرکے کی چیز ہے۔ اس پر قائم رہیے گا۔ اُدھر ہندوستان کے ساتھ بھی ویسا ہی رشتہ استوار کر لیجئے۔ دونوں کو پرانے ہتھیار بھیجئے کیونکہ اب تو آپ نے وہ تمام ہتھیار کنڈم کر دیے ہوں گے جو آپ نے پچھلی جنگِ عظیم میں استعمال کیے تھے۔ آپ کا یہ فالتو اسلحہ ٹھکانے لگ جائے گا اور آپ کے کارخانے بیکار نہیں رہیں گے۔

پنڈت جواہر لال نہرو کشمیری ہیں۔ ان کو تحفے کے طور پر ایسی بندوق ضرور بھیجئے گا جو دھوپ میں رکھنے سے ٹھس کرے۔ کشمیری میں بھی ہوں مگر مسلمان۔ میں نے اپنے لیے آپ سے ننھا سا ایٹم بم مانگ لیا ہے۔

ایک بات اور ... یہاں دستور بننے ہی میں نہیں آتا، خدا کے لیے آپ وہاں سے کوئی ماہر جلد از جلد روانہ کیجئے۔ قوم بغیر ترانے کے تو چل سکتی ہے لیکن دستور کے بغیر نہیں چل سکتی۔ لیکن آپ چاہیں تو بابا چل بھی سکتی ہیں۔

ؔجو چاہے آپ کا حسن کرشمہ ساز کرے۔

ایک بات اور ... یہ خط ملتے ہی امریکی ماچسوں کا ایک جہاز روانہ کر دیجئے ... یہاں جو ماچس بنی ہے، اس کو جلانے کے لیے ایرانی ماچس خریدنی پڑتی ہے لیکن آدھی ختم ہونے کے بعد یہ بیکار ہو جاتی ہے اور بقایا تیلیاں جلانے کے لیے روسی ماچس لینی پڑتی ہے جو پٹاخے زیادہ چھوڑتی ہے جلتی کم ہے۔

امریکی گرم کوٹ بہت خوب ہیں۔ لنڈا بازار ان کے بغیر بالکل لنڈا تھا۔ مگر آپ پتلونیں کیوں نہیں بھیجتے۔ کیا آپ پتلونیں نہیں اتارتے ... ہوسکتا ہے کہ ہندوستان روانہ کر دیتے ہوں ۔ آپ بڑے کائیاں ہیں۔ ضرور کوئی بات ہے۔ اُدھر کوٹ بھیجتے ہیں اُدھر پتلونیں، جب لڑائی ہوگی تو آپ کے کوٹ اور آپ ہی کی پتلونیں، آپ ہی کے بھیجے ہوئے ہتھیاروں

سے لڑیں گے۔

یہ میں کیا سن رہا ہوں کہ چارلی چپلن اپنے امریکی شہریت کے حقوق سے دستبردار ہو
گیا ہے۔ اس مسخرے کو کیا سوجھی، ضرور اس کو کمیونزم ہو گیا ہے۔ ورنہ ساری عمر آپ کے ملک
میں رہا، یہیں اس نے نام کمایا، یہیں اس نے دولت حاصل کی، کیا اسے وہ وقت یاد نہیں رہا
جب لندن کے گلی کوچوں میں بھیک مانگتا پھرتا تھا اور کوئی پوچھتا نہیں تھا۔

روس چلا جاتا لیکن وہاں مسخروں کی کیا کمی ہے۔ چلو انگلستان ہی میں رہے اور کچھ نہیں
تو وہاں کے رہنے والوں کو امریکینوں کا ساکھل کے ہنسنا تو آ جائے گا اور وہ جو ہر وقت اپنے
چہروں پر سنجیدگی اور طہارت کا غلاف چڑھائے رکھتے ہیں کچھ تو اپنی جگہ سے ہٹے گا۔

اچھا میں اب خط کو بند کرتا ہوں۔

بنڈی لانا کوفری اسٹائل کا ایک بوسہ

خاکسار

سعادت حسن منٹو

۱۳۱؍ لکشمی مینشنز، ہال روڈ، لاہور

۱۵؍ مارچ ۱۹۵۴ء

چچا سام کے نام چوتھا خط

چچا جان، آداب و نیاز!

ابھی چند روز ہوئے میں نے آپ کی خدمت میں ایک عریضہ ارسال کیا تھا، اب یہ دوسرا لکھ رہا ہوں۔ بات یہ ہے کہ جوں جوں آپ کی پاکستان کو فوجی امداد دینے کی بات پختہ ہو رہی ہے میری عقیدت اور سعادت مندی بڑھ رہی ہے، میرا جی چاہتا ہے کہ آپ کو ہر روز خط لکھا کروں۔

ہندوستان لاکھ ٹاپا کرے، آپ پاکستان سے فوجی امداد کا معاہدہ ضرور کریں گے۔ اس لیے کہ آپ کو اس دنیا کی سب سے بڑی اسلامی سلطنت کے استحکام کی بہت زیادہ فکر ہے اور کیوں نہ ہو۔ اس لیے کہ یہاں کا ملّا روس کے کمیونزم کا بہترین توڑ ہے۔ فوجی امداد کا سلسلہ

شروع ہوگیا تو آپ سب سے پہلے ان ملاؤں کو مسلّح کیجئے گا۔ان کے لیے خالص امریکی ڈھیلے، خالص امریکی تسبیحیں اور خالص امریکی جائے نمازیں روانہ کیجئے گا،استروں اور قینچیوں کو سرِفہرست رکھئے گا،خالص امریکی خضاب کا لاجواب نسخہ بھی اگر آپ نے ان کو مرحمت کردیا تو سمجھئے پو بارہ ہیں۔

فوجی امداد کا مقصد جہاں تک میں سمجھتا ہوں ان ملاؤں کو مسلّح کرنا ہے۔میں آپ کا پاکستانی بھتیجا ہوں مگر آپ کے سب رمزیں سمجھتا ہوں لیکن عقل کی یہ ارزانی آپ ہی کی سیاسیات کی عطا کردہ ہے۔(خدا اسے نظرِ بد سے بچائے)

ملاؤں کا یہ فرقہ امریکی اسٹائل میں مسلّح ہوگیا تو سوویٹ روس کو یہاں سے اپنا پاندان اٹھانا ہی پڑے گا۔جس کی کلیوں تک میں کمیونزم اور سوشلزم کھلے ہوتے ہیں۔

امریکی اوزاروں سے کتری ہوئی لمبیں ہوں گی،امریکی مشینوں سے سِلے ہوئے شرعی پاجامے ہوں گے۔امریکی رحلیں اور امریکی جائے نمازیں ہوں گی۔بس آپ دیکھئے گا چاروں طرف آپ ہی کے نام کے تسبیح خواں ہوں گے۔

یہاں کے نچلے نچلے اور نچلے درمیانی طبقے کو اوپر اٹھانے کی کوشش تو ظاہر ہے کہ آپ خوب کریں گے۔بھرتی ان ہی دوطبقوں سے شروع ہوگی۔دفتروں میں چپراسی اور کلرک بھی یہیں سے چنے جائیں گے،تنخواہیں امریکی اسکیل کی ہوں گی جب ان کی پانچوں گھی میں ہوں گی اور سر کڑاہے میں تو کمیونزم کا بھوت دم دبا کر بھاگ جائے گا۔

بھرتی کا سلسلہ شروع ہو۔مجھے کوئی اعتراض نہیں لیکن آپ کا کوئی سپاہی ادھر نہیں آنا چاہئے۔میں یہ ہرگز نہیں دیکھ سکتا کہ ہماری پاکستانی لڑکیاں اپنے جوانوں کو چھوڑ کر آپ کے سپاہیوں کے ساتھ چہکتی پھریں۔اس میں کوئی شک نہیں کہ آپ یہاں خوبصورت اور تنومند امریکی نوجوان بھیجیں گے۔لیکن میں آپ کو بتائے دیتا ہوں کہ ہمارا اوپر کا طبقہ ہرقسم کی بے غیرتی قبول کرسکتا ہے کہ وہ پہلے ہی اپنے دیدے آپ کی لانڈریوں میں دھلوا چکا ہے۔مگر یہاں کا نچلا نچلا اور نچلا درمیانی طبقہ ایسی کوئی چیز برداشت نہیں کرے گا۔

البتہ آپ وہاں سے امریکی لڑکیاں روانہ کر سکتے ہیں جو ہمارے جوانوں کی مرہم پٹی

کریں، ان کو رقص کرنا سکھائیں، کھلّم کھلّا بوسے لینے کی تعلیم دیں، ان کی جھینپ دور کریں اس میں آپ ہی کا فائدہ ہے۔ آپ اپنے ایک فلم ''بیدنگ بیوٹی'' میں اپنی سینکڑوں لڑکیوں کی ننگی اور گداز ٹانگیں دکھا سکتے ہیں۔ ہمارے ہاں ایسی ٹانگیں پیدا کیجئے تاہم ہم بھی اپنے اکلوتے فلم اسٹوڈیو ''شاہ نور'' میں ایک ایسا فلم بنائیں اور ''اپوا'' والوں کو دکھائیں تا کہ انھیں کچھ مسرّت ہو۔

ہاں ہمارے یہاں ''اپوا'' ایک عجیب و غریب شئے تخلیق ہوئی ہے جو بڑے آدمیوں کی بڑی بہو بیٹیوں کے شغل کا دلچسپ نتیجہ ہے۔ یہ آل پاکستان ویمن ایسوسی ایشن کا مخفف نام ہے اس میں اور زیادہ تخفیف کی گنجائش نہیں لیکن کوشش ضرور ہو رہی ہے جو آپ کو ان مائل بہ تخفیف بلاؤزوں میں نظر آ سکتی ہے، جن میں سے ان کے پہننے والیوں کے پیٹ باہر جھانکتے نظر آتے ہیں۔ ابھی ابتدا ہے لیکن افسوس اس بات کا ہے کہ یہ بلاؤز عام طور پر چالیس برس سے اوپر کی عورتیں استعمال کرتی ہیں جن کے پیٹ کئی مرتبہ کلبوت چڑھ چکے ہوتے ہے۔ چچا جان میں عورت کے پیٹ پر خواہ وہ امریکی ہو یا پاکستانی اور سب کچھ دیکھ سکتا ہوں مگر اس پر جھریاں نہیں دیکھ سکتا۔

''اپوا'' والیاں تخفیف لباس کے متعلق ہر وقت سوچنے کے لیے تیار ہیں۔ بشرطیکہ انھیں کوئی آزمودہ نسخے بتائے۔ آپ کے یہاں پینسٹھ برس کی بڈھیاں اپنے پیٹ دکھاتی ہیں مگر ان پر مجال ہے جو ایک جھری بھی نظر آ جائے۔ معلوم نہیں وہ منھ زبانی بچّے پیدا کرتی ہیں یا انھیں کوئی ایسا گر معلوم ہے کہ سانپ بھی مر جائے اور لاٹھی بھی نہ ٹوٹے۔

بہر حال اگر آپ کو یہاں تخفیف لباس چاہئے تو ہالی ووڈ کے چند ماہرین یہاں روانہ کر دیجئے۔ آپ کے یہاں پلاسٹک سرجری کا فن عروج پر ہے فی الحال ایسے درجن نصف درجن سرجن یہاں بھیج دیجئے جو ہماری بڈھیوں کو لال لگام کے قابل بنا دیں۔

مقفّی شاعری کا زمانہ تھا تو ہمارے یہاں معشوق کی کمی نہیں تھی۔ اب غیر مقفّی شاعری کا دور ہے مگر یہ ایسا الٹا پڑا ہے کہ اب معشوق کی نایاب کمر کچھ اس طرح پیدا ہوئی ہے کہ اسے دیکھو تو سارا معشوق اس کے پیچھے غائب ہو جاتا ہے۔ پہلے یہ حیرت ہوتی تھی کہ وہ ازار

بند کہاں باندھتا ہے۔اب یہ حیرت ہوتی ہے کہ وہ کس درخت کا تنا ہے جس کے ارد گرد اس غریب کو باندھنے کی کوشش کی گئی ہے۔آپ مہربانی فرما کر بنفسِ نفیس یہاں تشریف لائیے۔ اور فوجی معاہدہ کرنے سے پہلے اس بات کا فیصلہ کیجئے کہ یہاں معشوق کی کمر ہونی چاہئے یا نہیں اس لیے کہ فوجی نقطۂ نگاہ سے یہ بہت اہمیت رکھتا ہے۔

ایک بات اور... آپ کے فلم ساز ہندوستانی صنعت فلم سازی سے بہت دلچسپی لے رہے ہیں۔یہ ہم برداشت نہیں کر سکتے۔پچھلے دنوں گریگری پک ہندوستان پہنچا ہوا تھا۔اس نے فلم اسٹار شریا کے ساتھ تصویر کھنچوائی۔اس کے حسن کی تعریف میں زمین آسمان کے قلابے ملائے۔پچھلے دنوں سنا تھا کہ ایک امریکی فلم ساز نے نرگس کے گلے میں بازو ڈال کر اس میں بوسہ بھی لیا تھا۔... یہ کتنی بڑی زیادتی ہے۔ہماری پاکستانی ایکٹریسیں مر گئی ہیں کیا؟

گلشن آرا موجود ہے۔یہ جدا بات ہے کہ اس کا رنگ توے کی مانند کالا ہے اور لوگ اسے دیکھ کر یہ کہتے ہیں کہ گلشن پر آرا چلا ہوا ہے لیکن ہے تو ایکٹریس،کئی فلموں کی ہیروئین ہے اور اپنے پہلو میں دل بھی رکھتی ہے۔صبیحہ ہے۔یہ علاحدہ بات ہے کہ اس کی ایک آنکھ تھوڑی سی بھینگی ہے مگر ذرا سی توجہ سے درست ہو سکتی ہے۔

یہ بھی سنا ہے کہ آپ ہندوستانی فلم سازوں کو مالی امداد بھی دے رہے ہیں۔چچا جان یہ کیا ہر جائی پنا ہے یعنی جو للّو پنجو آتا ہے اس کو آپ مدد دینا شروع کر دیتے ہیں۔

آپ کا گریگری پک جائے جہنم میں (معاف کیجئے مجھے غصّہ آ گیا ہے) آپ اپنی دو تین ایکٹریسیں یہاں بھیج دیجئے اس لیے کہ ہمارا اکلوتا ہیرو سنتوش کمار بہت اداس ہے۔پچھلے دنوں وہ کراچی گیا تھا تو اس نے کوکا کولا کی سو بوتلیں پی کر ریٹا ہے ورتھ کو خواب میں ایک ہزار مرتبہ دیکھا تھا۔

مجھے لپ اسٹک کے متعلق بھی آپ سے کچھ عرض کرنا ہے۔وہ جو کس پروف لپ اسٹک آپ نے بھیجی تھی،ہمارے اونچے طبقے میں بالکل مقبول نہیں ہوئی۔لڑکیوں اور بڈھیوں کا کہنا ہے کہ یہ محض نام ہی کی "کس پروف" ہے۔لیکن میں سمجھتا ہوں کہ ان کا کسنگ کا طریقہ ہی غلط ہے۔میں نے دیکھا ہے لوگوں کو یہ شغل فرماتے ہوئے۔ایسا معلوم ہوتا ہے کہ تربوز کی پھانک

کھا رہے ہیں۔ آپ کے یہاں ایک کتاب چھپی تھی، جس کا عنوان ''بوسہ لینے کا فن'' تھا مگر
معاف کیجیے کتاب پڑھ کر آدمی کچھ بھی نہیں سیکھ سکتا۔ آپ وہاں سے فوراً بذریعہ ہوائی جہاز
ایک امریکی خاتون روانہ کیجیے جو ہمارے اونچے طبقے پر تربوز کھانے اور بوسہ لینے میں جو فرق
ہے بطریق احسن واضح کر دے۔ نچلے، نچلے اور نچلے درمیانی طبقے کو فرق بتانے کی کوئی
ضرورت نہیں۔ اس لیے کہ وہ ان تکلفات سے ہمیشہ بے نیاز رہا ہے اور ہمیشہ بے نیاز رہے گا۔

آپ کو یہ سن کر خوشی ہوگی کہ میرا معدہ کسی حد تک آپ کے امریکی گندم کا عادی ہو گیا
ہے۔ اب اسے ہمارے یہاں کی آب و ہوا راس آنی شروع ہو گی ہے۔ کیونکہ اب اس کے
آٹے نے پاکستانی اسٹائل کی روٹیوں چپاتیوں کی شکل اختیار کرنے کا ارادہ کر لیا ہے، میرا خیال
ہے خیر سگالی کے طور پر آپ یہاں کے گندم کا بیج اپنے یہاں منگوا لیں۔ آپ کی مٹی بڑی زرخیز
ہے۔ اس اختلاط سے جو امریکی پاکستانی گندم پیدا ہوگی، بڑی خوبیوں کی حامل ہوگی۔ ہو سکتا
ہے کہ کوئی نیا آدم پیدا ہو جائے جس کی اولاد ہم اور آپ سے مختلف ہو۔

میں آپ سے ایک راز کی بات پوچھتا ہوں۔ پچھلے دنوں میں نے یہ خبر پڑھی تھی کہ نئی
دہلی میں بھارت کی دیویاں رات کو اپنے بالوں میں چھوٹے چھوٹے قمقمے لگا کر گھومتی ہیں جو
بیٹری سے روشن ہوتے ہیں۔ خبر میں یہ بھی لکھا تھا کہ بعض دیویاں اپنے بلاوزوں کے اندر بھی
ایسے قمقمے لگاتی ہیں تا کہ ان کا اندر باہر روشن رہے۔... یہ بیچ کہیں آپ ہی کی تو نہیں تھی؟...
اگر تھی تو چچا جان سبحان اللہ... میرا خیال ہے اب آپ انہیں سفوف تیار کر کے بھیجیں جس کے
کھانے سے ان کا سارا بدن روشن ہو جایا کرے... اور کپڑوں سے باہر نکل نکل کر اشارے
کیا کرے۔

پنڈت جواہر لال نہرو پرانے خیالات کے آدمی ہیں، وہ اس باپو کے شاگرد ہیں جس
نے نوجوانوں کو یہ حکم دیا تھا کہ وہ اپنی آنکھوں پر ایسا شیڈ یا ہڈ استعمال کیا کریں جو نظر بازی سے
روکا کرے... پچھلے دنوں انہوں نے اپنی دیویوں کو یہ تلقین کی تھی کہ ستر کا خیال رکھا کریں
اور میک اپ سے پرہیز کیا کریں مگر ان کی کون سنے گا... البتہ ہالی ووڈ کی آواز سننے کے لیے
یہ دیویاں ہر وقت تیار ہیں۔ آپ یہ سفوف وہاں سے ضرور روانہ کریں... پنڈت جی کا ردّعمل

کافی پُرلطف ہوگا۔

میں اس لفافے میں آپ کو ایک تصویر بھیج رہا ہوں۔ یہ پاکستانی خاتون کی ہے جس نے بمبئی کی مچھیرنوں کی چولی کا سا بلاوز پہنا ہوا ہے۔ اس میں اس کے پیٹ کا تھوڑا سا نچلا حصّہ جھانک رہا ہے۔ یہ آپ کی خواتین کے ننگے پیٹوں کو ایک عدد پاکستانی گدگدی ہے۔

گر قبول اُفتد زہے عزّ و شرف

آپ کا برخوردار بھتیجا

سعادت حسن منٹو

۲۱ رفروری ۱۹۵۴ء

چچا سام کے نام پانچواں خط

محترمی چچا جان، تسلیمات!

میں اب تک آپ کو پیارے چچا جان کے نام سے خطاب کرتا رہا ہوں پر اب کی دفعہ میں نے ''محترمی چچا جان'' لکھا ہے، اس لیے کہ میں ناراض ہوں۔ ناراضی کا باعث یہ ہے کہ آپ نے مجھے میرا تحفہ (ایٹم بم) ابھی تک نہیں بھیجا۔ بتائیے، یہ بھی کوئی بات ہے۔

سنا تھا باپ سے زیادہ چچا بچوں سے پیار کرتا ہے، لیکن ایسا معلوم ہوتا ہے کہ آپ کے امریکہ میں ایسا نہیں ہوتا... مگر وہاں بہت سی باتیں ایسی نہیں ہوتیں جو یہاں ہوتی ہیں۔ مثال کے طور پر یہاں آئے دن وزارتیں بدلتی ہیں۔ آپ کے یہاں ایسا کوئی سلسلہ نہیں ہوتا۔ یہاں نبی پیدا ہوتے ہیں، وہاں نہیں ہوتے۔ یہاں ان کے ماننے والے وزیر خارجہ بنتے ہیں اس پر

ملک میں ہنگامے برپا ہوتے ہیں مگر کوئی شنوائی نہیں ہوتی۔ان ہنگاموں پر تحقیقاتی کمیشن بیٹھتی ہے۔اس کے اوپر کوئی اور بیٹھ جاتا ہے۔وہاں اس قسم کی کوئی دلچسپ بات نہیں ہوتی۔

چچا جان، میں آپ سے پوچھتا ہوں آپ اپنے یہاں نبی کیوں پیدا نہیں ہونے دیتے۔خدا کی قسم ایک پیدا کر لیجئے۔بڑی تفریح رہے گی۔بڑھاپے میں وہ آپ کی لاٹھی کا کام دے گا۔اس لاٹھی سے آپ امریکہ کی ساری بھینس ہانک سکیں گے...(بھینسیں تو یقیناً آپ کے یہاں ضرور ہوں گی)

اگر آپ نبی پیدا کرنے سے کسی وجہ سے معذور ہوں تو مجھے حکم دیجئے میں مرزا بشیر الدین محمود احمد صاحب سے گزارش کروں گا۔وہ اپنا صاحبزادہ بھیج دیں گے۔جلدی لکھئے گا... ایسا نہ ہو آپ کے دشمن روس سے مانگ آ جائے اور آپ منہ دیکھتے رہ جائیں۔

بات ایٹم بم کی تھی جو میں نے آپ سے تحفے کے طور پر مانگا تھا اور میں اور نبی زادوں کی طرف چلا گیا... ہاں...کتنی معمولی بات تھی میں نے صرف ایک بہت ہی چھوٹا ایٹم بم مانگا تھا جس سے میں ایک آدمی کو اُڑا سکتا جو مجھے گھیرے دار شلوار کے نیفے کے اندر ہاتھ ڈال کر ڈھیلا لگا تا نظر آتا ہے۔لیکن ایسا معلوم ہوتا ہے آپ نے میری خواہش کی شدّت کو محسوس نہیں کیا، یا شاید آپ ہائیڈروجن بموں کے تجربات میں مشغول تھے۔

چچا جان یہ ہائیڈروجن بم کیا بلا ہے... آٹھویں جماعت میں ہم نے پڑھا تھا کہ ہائیڈروجن ایک گیس ہوتی ہے، ہوا سے ہلکی...آپ اس کرۂ ارض کے سینے سے کس ملک کا بوجھ ہلکا کرنا چاہتے ہیں...روس کا؟

مگر سنا ہے وہ کم بخت نائٹروجن بم بنا رہا ہے... آٹھویں جماعت ہی میں ہم نے پڑھا تھا کہ نائٹروجن ایک گیس ہوتی ہے جس میں آدمی زندہ نہیں رہ سکتا...میرا خیال ہے آپ اس کے جواب میں آکسیجن بم بنا دیں۔ آٹھویں جماعت میں ہم نے پڑھا تھا کہ نائٹروجن اور آکسیجن گیسیں جب ملتی ہیں تو پانی بن جاتا ہے۔کیا ہی مزہ آئے گا۔اِدھر آپ آکسیجن بم پھینکیں گے اُدھر روس نائٹروجن بم پھینکے گا...باقی دنیا پانی میں ڈبکیاں لگائے گی۔

خیر یہ تو مذاق کی بات تھی۔سنا ہے آپ نے ہائیڈروجن بم صرف اس لیے بنایا ہے کہ

دنیا میں مکمل امن و امان قائم ہو جائے... یوں تو اللہ کی اللہ ہی بہتر جانتا ہے، لیکن مجھے آپ کی بات کا یقین ہے۔ ایک اس لیے کہ میں نے آپ کا گندم کھایا ہے، اور پھر میں آپ کا بھتیجا ہوں۔ بزرگوں کی بات یوں بھی چھوٹوں کو فوراً مان لینی چاہئے، لیکن میں پوچھتا ہوں، اگر آپ نے دنیا میں امن و امان قائم کر دیا تو دنیا کتنی چھوٹی ہو جائے گی۔ میرا مطلب ہے کتنے ملک صفحہ ہستی سے نیست و نابود ہوں گے۔ میری بھتیجی جو اسکول میں پڑھتی ہے کل مجھ سے دنیا کا نقشہ بنانے کو کہہ رہی تھی۔ میں نے اس سے کہا:''ابھی نہیں... پہلے مجھے چچا جان سے بات کر لینے دو... ان سے پوچھ لوں۔ کون سا ملک رہے گا اور کون سا نہیں رہے گا، پھر بنا دوں گا۔''

خدا کے لیے روس کو سب سے پہلے اڑائیے گا، اس سے مجھے خدا واسطے کا بیر ہے۔ سات آٹھ دن ہوئے وہاں سے فنکاروں کا ایک وفد آیا تھا، خیر سگالی کے لیے۔ میرا خیال ہے اب واپس چلا گیا ہے۔ اس وفد میں ناچنے اور گانے والیاں تھیں جنہوں نے ناچ گا کر ہمارے سادہ لوح پاکستانیوں کا دل موہ لیا۔ اب آپ اس کے توڑ میں جب تک کوئی ایسا گاتا بجاتا ناچتا، تھرکتا خیر سگالی وفد نہیں بھیجیں گے، کام نہیں چلے گا۔

میں نے آپ سے پہلے بھی کہا تھا کہ ہالی وڈ کی چند ''ملین ڈالر'' ٹانگوں والی لڑکیاں یہاں روانہ کر دیجئے مگر آپ نے اپنے کم عقل بھتیجے کی بات پر کوئی غور نہ کیا اور ہائیڈروجن بم کے تجربے میں مصروف رہے۔ قبلہ جادو وہ جو سر چڑھ کر بولے۔

ذرا اپنے سفارت خانے متعینہ پاکستان سے پوچھیے، یہاں ہر ایک کی زبان پر تمہارا خانم اور مادام عاشورہ کا نام ہے، یہاں کا ایک بہت بڑا اردو اخبار ''زمیندار'' ہے۔ اس کے ایڈیٹر بڑے زاہد خشک قسم کے نوجوان ہیں۔ ان پر اس روسی وفد نے اتنا اثر کیا کہ نثر میں شاعری کرنے لگے۔ ایک پیرا ملاحظہ فرمایے:

''جب وہ گا رہی تھی تو کھچا کھچ بھرے ہوئے اوپن تھیٹر (شاید آپ کے یہاں ایسا تھیٹر نہ ہو) میں سامعین کے سانس لینے کی آواز صاف سنائی دے رہی تھی۔ تھیٹر پر جھکا ہوا تاروں بھرا آسمان اور اسٹیج کے چاروں طرف ابھرے ہوئے سرسبز درخت بھی دم بخود تھے اور اس گمبھیر سناٹے میں ایک کوئل کوک رہی تھی۔ اس کی تیز، گہری اور روح کو چیر دینے والی

آواز، تاریک رات کے سینے میں جابجا ان دیکھی روشنی کے گہرے گھاؤ ڈال رہی تھی۔''

پڑھ لیا آپ نے؟ ... چچا جان! یہ معاملہ بہت سنگین ہے۔ ہائیڈروجن بموں کو فی الحال چھوڑیئے اور اس طرف توجہ دیجئے۔ آپ کے پاس کیا حسیناؤں کی کمی ہے۔ چشم بددور۔ ایک سے ایک بڑھا خاصی موجود ہے لیکن میں آپ کو ایک مشورہ دوں۔ جتنی بھیجئے گا۔ سب کی ٹانگیں... ''ملین ڈالر'' قسم کی ہوں اور ہمارے پاکستانی مردوں کو بوسہ دینے سے نہ گھبرائیں۔ میں آپ سے وعدہ کرتا ہوں کہ اگر آپ نے ایک جہاز بھر کولینوس ٹوتھ پیسٹ بھیج دی تو میں سب کے دانت صاف کرادوں گا۔ ان کے منھ سے بو نہیں آئے گی۔

آپ میری بات مان گئے تو آپ کی سات آزادیوں کی قسم کھا کے کہتا ہوں کہ روس والوں کے چھکّے چھوٹ جائیں گے اور تمہارا خانم اور مادام عاشورہ ٹاپتی رہ جائے گی اور ''زمیندار'' کے ایڈیٹر کو دن میں تارے نظر آنے لگیں گے۔ لیکن چچا جان، ایک بات سن لیجئے اگر آپ نے الزبتھ ٹیلر کو بھیجا تو اس کے بوسے صرف میرے لیے وقف ہوں گے۔ مجھے اس کے ہونٹ بہت پسند ہیں۔

ہاں، اس خیر سگالی وفد میں کہیں اس حبشی گوئیے پال رونسن کو نہ شامل کیجئے گا۔ سالا (سالے کا مطلب ہے بیوی کا بھائی۔ ہم اسے گالی کے طور پر استعمال کرتے ہیں) کمیونسٹ ہے۔ مجھے حیرت ہے۔ آپ نے اسے ابھی تک ایسٹ افریقہ کیوں نہیں بھیجا۔ وہاں اسے بڑی آسانی سے ماؤ ماؤ کی تحریک میں ماخوذ کرکے گولی سے اڑایا جا سکتا ہے۔

میں اس خیر سگالی وفد کا بے چینی سے انتظار کروں گا اور ''نوائے وقت'' کے مدیر سے کہوں گا کہ وہ ابھی سے اس کا پروپیگنڈہ شروع کر دے۔ بڑا نیک اور برخوردار قسم کا آدمی ہے۔ میری بات نہیں ٹالے گا۔ ...ویسے آپ اسے تحفے کے طور پر ریٹا ہیورتھ کی اوٹو گرافڈ تصویر بھیجوا دیجئے گا۔ بے چارہ اسی میں خوش ہو جائے گا۔

میں یہ بھی وعدہ کرتا ہوں کہ جب آپ کا یہ خیر سگالی وفد لاہور میں آئے گا تو میں اسے ہیرا منڈی کی سیر کراؤں گا۔ شورش کشمیری صاحب کو میں ساتھ لے چلوں گا کہ وہ اس علاقے کے پیر ہیں (حال ہی میں آپ نے اس پر ایک کتاب بھی لکھی ہے جس کا عنوان ''اس بازار

میں'' ہے...آپ اپنے سفارت خانے کو حکم دیجیے۔وہ آپ کو اس کا ترجمہ کرا کے بھیج دے گا) یہاں ایک سے ایک درخشندہ و تابندہ ہیرا پڑا ہے...ہر تراش کا، ہر وزن کا۔

اب اور باتیں شروع کرتا ہوں... پاکستان کو آپ کی فوجی امداد دینے کے فیصلے اور مشرق بعید کے دیگر مسائل پر بھارت اور آپ کے اختلافات پر پنڈت نہرو نے پچھلے دنوں جو زبردست نکتہ چینی کی تھی، سنا ہے اس کا یہ ردّعمل ہوا ہے کہ آپ کے ملک کی حکمتِ عملی میں ایک نیا رجحان ترقی کر رہا ہے۔بعض کی یہ بھی رائے ہے کہ امریکہ بھارت کو اپنے عزائم کے متعلق اطمینان دلانے کی ضرورت سے زیادہ کوشش کر رہا ہے۔

آپ کے جنوبی ایشیائی اور افریقی معاملات کے اعلٰی افسر، کیا نام ہے ان کا ؟...ہاں...مسٹر جان جونیگنز نے اپنے ایک بیان میں بھارت کے لیے اپنے ملک کے خیر سگالی جذبات کی پیشکش کی ہے۔اس کا تو یہ مطلب نکلتا ہے کہ واشنگٹن، دلّی کا اعتماد حاصل کرنے کے لیے تڑپ رہا ہے۔

جہاں تک میں سمجھتا ہوں۔ پاکستان اور بھارت کو خوش رکھنے سے آپ کا واحد مقصد یہی ہے کہ جہاں کہیں بھی آزادی اور جمہوریت کا ٹمٹماتا دیا جل رہا ہے، اسے چونک سے نہ بجھایا جائے بلکہ اس کو تیل دیا جائے۔ بلکہ تیل میں ڈبو دیا جائے تا کہ وہ پھر کبھی اپنی تشنہ لبی کا شکوہ نہ کرے...ہے نا چچا جان؟

آپ پاکستان کو آزاد دیکھنا چاہتے ہیں۔اس لیے کہ آپ کو درّہ خیبر سے بے حد پیار ہے، جہاں سے حملہ آور صدیوں سے ہم پر حملہ کرتے رہے ہیں۔ اصل میں درّہ خیبر ہے بھی بہت خوبصورت چیز، اس سے پیاری اور خوبصورت چیز پاکستان کے پاس اور ہے بھی کیا؟

اور بھارت کو آپ اس لیے آزاد دیکھنا چاہتے ہیں کہ پولینڈ، چیکوسلوواکیہ اور کوریا میں روس کی جارحانہ کارروائیاں دیکھ کر آپ کو ہر دم اس بات کا کھٹکا رہتا ہے کہ یہ سرخ مملکت کہیں بھارت میں بھی درانتیاں اور ہتھوڑے چلانا شروع نہ کر دے۔

ظاہر ہے کہ بھارت کی آزادی خدانخواستہ چھن گئی تو کتنا بڑا المیہ ہوگا...اس کا تصوّر کرتے ہی آپ کانپ اٹھتے ہوں گے۔

آپ کی تاروں والی اونچی ٹوپی کی قسم، آپ جیسا مخلص انسان کبھی پیدا ہوا ہے اور نہ ہوگا۔ خدا آپ کی عمر دراز کرے اور آپ کی سات آزادیوں کو دن دوگنی اور رات چوگنی ترقی دے۔

یہاں ایک علاقہ ہے، مغربی پنجاب، اس کے وزیرِ اعلیٰ ہیں فیروز خان نون (ان کی بیگم ایک انگریز خاتون ہیں) آپ نے ان کا نام تو سنا ہوگا۔ حال ہی میں آپ نے اپنے دولت کدے پر (جو پنچولی فلم اسٹوڈیو کے آگے ہے) ایک کانفرنس بلائی۔ اس میں آپ نے مسلم لیگ (جسے مشرقی پاکستان میں شکست فاش ہوئی ہے) کے کارکنوں کو مشورہ دیا کہ وہ اپنے اپنے علاقوں میں اشتراکیوں (سرخوں) کے مقابلے کے لیے جدوجہد کریں۔

دیکھیے چچا جان! آپ فیروز خان نون صاحب کا شکریہ ادا کیجیے اور خیرسگالی کے طور پر ان کی بیگم صاحبہ کے لیے ہالی وڈ کے سلے ہوئے دو تین ہزار فراک بھیج دیجیے... کہیں آپ نے بھیج تو نہیں دیے، میں بھول گیا تھا۔ کیونکہ اب وہ ساڑی پہنتی ہیں۔

بہرحال نون صاحب کا اشتراکیت دشمن ہونا بڑی نیک فال ہے کیونکہ کامریڈ فیروز الدین منصور پھر جیل میں ہوگا۔ مجھے اس کا ہر وقت دمّے کے مرض میں گرفتار رہنا ایک آنکھ نہیں بھاتا۔

اب میں آپ کو ایک بڑا اچھا مشورہ دیتا ہوں۔ ہماری حکومت نے حال ہی میں کامریڈ سبطِ حسن کو جیل سے رہا کیا ہے۔ آپ اس کو اغوا کرکے لے جائیے۔ میرا دوست ہے، لیکن مجھے ڈر لگتا ہے کہ وہ اپنی پیاری پیاری نرم نرم باتوں سے ایک روز مجھے ضرور کمیونسٹ بنا لے گا... یوں تو میں اتنا ڈر پوک نہیں۔ کمیونسٹ ہو بھی جاؤں تو میرا کیا بگڑ جائے گا، مگر آپ کی عزّت پر حرف آنے کا خیال ہے۔ لوگ کیا کہیں گے کہ آپ کا بھتیجا ایسے بڑے دلدل میں جا دھنسا... میری اس برخورداری پر ایک شاباش تو بھیجیے۔

اب میں احوالِ روزگار کی طرف آتا ہوں۔ چچا جان آپ کی ریش مبارک کی قسم، دن بہت بُرے گزر رہے ہیں، اتنے بُرے گزر رہے ہیں کہ اچھے دنوں کے لیے دعا مانگنا بھی بھول گیا ہوں۔ یہ سمجھیے کہ بدن پر لتّے جھولنے کا زمانہ آگیا ہے۔ کپڑا اتنا مہنگا ہوگیا ہے کہ جو غریب

ہیں ان کے مرنے پر کفن بھی نہیں ملتا، جو زندہ ہیں وہ تار تار لباس میں نظر آتے ہیں۔ میں نے تنگ آ کر سوچا ہے کہ ایک ''ننگا کلب'' کھول دوں۔ لیکن سوچتا ہوں ننگے کھائیں گے کیا...۔ ایک دوسرے کا ننگ؟ مگر وہ بھی اتنا کریں گے کہ ننگا ہیں لقمہ اٹھاتے ہی وہیں رکھ دیں گے۔ کوئی ویرانی سی ویرانی ہے، کوئی ننگی سی ننگی ہے، کوئی ترشی سی ترشی ہے۔ لیکن چچا جان داد دیجئے۔

گو میں رہا رہینِ ستم ہائے روزگار

لیکن ترے خیال سے غافل نہیں رہا

لیکن چھوڑیے اس قصّہ کو، آپ خوش گلو۔ خوش اندام اور خوش خرام حسینوں کا وہ خیر سگالی وفد بھیج دیجئے۔ ہم اس غربت میں بھی اپنا جی ''پشوری'' کر لیں گے۔ فی الحال آپ الزبیتھ ٹیلر کے ہونٹوں کا ایک پرنٹ بھیج دیجئے، خدا آپ کو خوش رکھے۔

آپ کا تابعدار بھتیجا

سعادت حسن منٹو

۳۱الکشمی مینشنز، ہال روڈ، لاہور

چچا سام کے نام چھٹا خط

چچا جان، آداب و تسلیمات

یہ میرا چھٹا خط تھا۔ میں نے خود پوسٹ کرایا تھا، حیرت ہے کہاں کہاں گم ہو گیا۔

چچا سام کے نام ساتواں خط

چچا جان، آداب و تسلیمات!

معاف کیجئے گا، میں اس وقت عجیب مخمصے میں گرفتار ہوں، میرے پچھلے خط کی رسید مجھے ابھی تک نہیں ملی، کیا وجہ ہے؟ یہ میرا اچھا خط تھا، میں نے خود پوسٹ کرایا تھا۔ حیرت ہے کہاں گم ہو گیا۔

یہ درست ہے کہ ہمارے یہاں بعض اوقات اگر لاہور سے شیخو پورہ کوئی خط بھیجا جائے تو ڈھائی تین سال کے عرصے میں پہنچتا ہے اور یہ محض ''چھیڑ خوباں سے چلی جائے اسد'' کے طور پر دانستہ کیا جاتا ہے۔ اس لیے کہ ہم پاکستانی شاعر مزاج لوگ ہیں۔ لیکن آپ کے ساتھ ایسی دل لگی کا خیال بھی ہمارے ڈاک خانے کے محکمے کو کبھی آ نہیں سکتا، اس لیے کہ وہ سب کا سب آپ کا مفت بھیجا ہوا گندم کھا چکا ہے۔

جہاں تک میں سمجھتا ہوں، ساری کارستانی روس کی ہے اور اس میں بھارت کا بھی ہاتھ ہے۔ پچھلے دنوں لکھنؤ میں آپ کے اس برخوردار بھتیجے پر ایک ''سمپوزیم'' ہوا تھا۔ اس میں کسی نے کہا کہ میں آپ کے امریکہ کے لیے اپنے پاکستان میں زمین ہموار کر رہا ہوں۔

کتنی سچی بات ہے، ابھی تک آپ نے بل ڈوزر تو بھیجے نہیں اور یہ ساری دنیا جانتی ہے۔ میں بھارت کے اس عقل کے اندھے سے پوچھتا ہوں کہ میں امریکہ کے لیے پاکستان میں زمین کس چیز سے ہموار کر رہا ہوں؟ ...اپنے سر سے۔

میری بات بہت دیر بعد آپ کی سمجھ میں آتی ہیں صرف اس لیے کہ آپ ہائیڈروجن بموں کے تجربات میں مصروف ہیں، آپ کو دین ہے نہ دنیا کا ہوش ہے نہ دین کا۔ قبلہ ان بموں کو چھوڑیے ...یہ کوئی معمولی بات نہیں کہ میرا چھوٹا خط کمیونسٹ بالا بالا لے اڑیں۔

میرے بس میں ہوتا تو میں شرارت پسندوں کے ایسے کان اینٹھتا کہ بلبلا اٹھتے، مگر مصیبت یہ ہے کہ میں۔ اب آپ کو کیا بتاؤں۔ یہاں کے سارے بڑے بڑے کمیونسٹ میرے دوست ہیں۔ مثال کے طور پر احمد ندیم قاسمی، سبط حسن، عبداللہ ملک (حالانکہ مجھے اس سے نفرت ہے، بڑا گھٹیا قسم کا کمیونسٹ ہے) فیروز الدین منصور، احمد راہی، حمید اختر، نازش کشمیری اور پروفیسر صفدر۔

چچا جان میں ان لوگوں کے سامنے چوں نہیں کر سکتا، اس لیے کہ ان سے آئے دن قرض لیتا رہتا ہوں۔ آپ سمجھ سکتے ہیں مقروض، قرض خواہ کے سامنے کچھ بول نہیں سکتا۔ آپ نے مجھے قرض تو کبھی نہیں دیا۔ البتہ شروع شروع میں جب میں نے آپ کو پہلے خط لکھا تھا تو اس سے متاثر ہو کر آپ نے خیر سگالی کے طور پر مجھے مالی امداد بھیجی تھی۔ یعنی تین سو روپے دیتے تھے۔ اور میں نے آپ کے اس جذبے کی داد نہ دی اور مالی امداد کا سلسلہ بند کر دیا۔

پیارے چچا جان ...مجھے بتائیے کہ مجھ سے کون سا گناہ سرزد ہوا ہے کہ آپ مجھے سزا دے رہے ہیں۔ لاہور میں جو آپ کا دفتر ہے، اس کے چپراسی بھی مجھ سے سیدھے منھ بات نہیں کرتے۔ دو تین جونیئر افسر جو میرے پاکستانی بھائی ہیں، ان میں آپ نے ایسے سرخاب کے پر لگا دیے ہیں کہ میرا نام سنتے ہی مجھے گالیاں دینا شروع کر دیتے ہیں۔

آخر میرا قصور؟ ... میں نے اگر خلوص نیتی سے تسلیم کیا کہ آپ نے میری امداد کی ہے تو اس میں انہوں نے کیا قباحت دیکھی۔ بھارت کو آپ کروڑوں ڈالر دے چکے ہیں۔ وہ تسلیم کرتا ہے۔ میرے پاکستان کو آپ نے مفت گندم بھیجا یہ غریب بھی تسلیم کرتا ہے، کراچی میں ہم لوگوں نے اونٹوں کا جلوس نکالا اور با قاعدہ اشتہار بازی کی کہ ہم پر یہ بہت بڑا کرم کیا ہے۔ یہ جدا بات ہے کہ آپ کا بھیجا ہوا گندم ہضم کرنے کے لیے ہمیں اپنے معدے امریکا لانے پڑے۔

میری سمجھ میں نہیں آتا، آپ بھارت کو اربوں ڈالر کا قرض دے رہے ہیں۔ پاکستان کو فوجی امداد دینے کا ابھی آپ نے وعدہ کیا ہے، لیکن میرا وظیفہ کیوں نہیں لگا دیتے۔ لوگ کیا کہیں گے کہ پاکستان کے اتنے بڑے افسانہ نگار کو صرف تین سو روپے دے کر آپ نے ہاتھ روک لیا۔ یہ میری ہتک ہے اور آپ کی بھی۔ اگر وظیفہ نہیں دینا چاہتے نہ دیں، قرض میں کیا مضائقہ ہے۔ از راہ کرم ایک لاکھ ڈالر مجھے قرض دے ڈالیے تا کہ اطمینان کے دو سانس لے سکوں۔

آغا خان کو تو آپ جانتے ہی ہوں گے کیونکہ وہ بھی بہت بڑا سرمایہ دار ہے۔ اس کی حال ہی میں پلاٹینم جوبلی منائی گئی تھی۔ میرا جی چاہتا ہے کہ میری بھی ایک جوبلی ہو جائے۔ آپ میرے پیارے پیارے، بہت ہی پیارے چچا ہیں۔ آپ سے چونچلے نہ بگھاروں تو کیا اپنے ملک کے وزیر اعظم محمد علی جناح سے بگھاروں ... خدا کے لیے میری ایک جوبلی کر ڈالیے تا کہ میری قبر میں روح بے چین نہ رہے۔

پاکستان ... میرا پاکستان اپنے فنکاروں کی قدردانی میں غافل نہیں مصیبت یہ ہے کہ مجھ سے جو زیادہ حقدار ہیں ان کی فہرست بہت لمبی ہے، پچھلے دنوں میری حکومت نے خان عبدالرحمٰن چغتائی کے لیے پانچ سو روپے ماہوار تا حیات وظیفہ مقرر کیا۔ خان بہادر صاحب اللہ کے فضل سے صاحب جائیداد ہیں، اس لیے وہ مجھ سے کہیں زیادہ مستحق تھے۔ اس کے بعد خان بہادر ابوالاثر حفیظ جالندھری صاحب کے لیے بھی تا حیات اتنا ہی وظیفہ منظور کیا گیا ہے، اس لیے کہ وہ بھی صاحبِ ثروت ہیں۔

میری باری خدا معلوم کب آئے گی، اس لیے کہ میں الاٹ شدہ مکان میں رہتا ہوں

،جس کا کرایہ بھی میں ادا نہیں کرسکتا۔

بہت سے مستحق اصحاب پڑے ہیں۔ مثال کے طور پر میاں بشیر احمد بی اے آکس، مدیر ماہنامہ ''ہمایوں'' (سابق سفیر ترکی) سید امتیاز علی تاج، مسٹر اکرام پی سی ایس، فضل احمد کریم فضلی وغیرہ وغیرہ۔ ان کا نمبر پہلے آتا ہے اس لیے کہ ان کو کسی وظیفے کی احتیاج نہیں۔ لیکن میری حکومت کا دل صاف ہے۔ وہ خدمات دیکھتی ہے دولت نہیں دیکھتی۔ ویسے میں نے کون سا اتنا بڑا کام کیا ہے جو ان لوگوں کو چھوڑ کر میری حکومت اپنی توجہ میری طرف منعطف کرے اور ایمان کی بات تو یہ ہے کہ میں صرف اس بل بوتے پر کہ آپ کا بھتیجا ہوں، آپ سے درخواست کرر ہا ہوں کہ میری کوئی جو بلی کر ڈالیے۔

میری زندگی کے دن بہت کم ہیں۔ آپ کو دکھ ہو گا تو کیا کہوں مگر میں کیا کہوں۔ اس اختصار کا باعث آپ کی ذاتِ شریف ہے۔ اگر آپ کو میری صحت کا خیال ہوتا تو آپ اور کچھ نہیں تو کم از کم وہاں سے الزبتھ ٹیلر ہی کو میرے پاس بھیج دیتے کہ وہ میری تیارداری کرتی معلوم ہوتی۔ آپ کیوں اتنی غفلت برت رہے ہیں، کیا آپ میری موت چاہتے ہیں؟ ... یا کوئی اور بات ہے جسے آپ نے راز بنا کے رکھ چھوڑا ہے؟

مگر یہ راز اب راز نہیں رہا کہ میرے ملک پاکستان میں کمیونزم بڑی تیزی سے پھیل رہا ہے۔ میں آپ سے کیا چھپاؤں، بعض اوقات میرا بھی جی چاہتا ہے کہ سرخ پر لگا کر سر خاب بن جاؤں۔ اب آپ ہی فرمایئے یہ کتنی خطرناک خواہش ہے اسی لیے میرے بزرگوار میں نے آپ کو یہ مشورہ دیا تھا کہ روسیوں کے ثقافتی وفد کے توڑ میں وہاں سے اپنی ''پن اَپ گرلز'' کا ایک خیر سگالی وفد روانہ کر دیجئے۔ ساون کے دن آنے والے ہیں۔ اس موسم میں ہم لوگ بڑے رومانٹک ہو جاتے ہیں۔ میرا خیال ہے اگر آپ کا ارسال کردہ وفد اس موسم میں آئے تو بہت اچھا رہے گا۔ اس کا نام بر شگالی وفد رکھ دیجئے گا۔

چچا جان! میں نے ایک تشویشناک خبر سنی ہے کہ آپ کے یہاں تجارت اور صنعت بڑے نازک دور سے گزر رہی ہے۔ آپ تو ماشاء اللہ عقل مند ہیں لیکن ایک بے وقوف کی بات بھی سن لیجئے یہ تجارتی اور صنعتی بحران صرف اس لیے پیدا ہوا ہے کہ آپ نے کوریا کی جنگ بند کر

دی ہے، یہ بہت بڑی غلطی تھی۔ اب آپ ہی سوچئے کہ آپ کے ٹینکوں، بم بار ہوائی جہازوں ،توپوں اور بندوقوں کی کھپت کہاں ہوگی۔

اس میں کوئی شک نہیں کہ عالمی رائے عامّہ کی شدّید مخالفت کی بنا پر آپ کو جنگ بند کرنا پڑی ہے۔لیکن عالمی رائے عامّہ آپ کے سامنے کیا حقیقت رکھتی ہے۔میرا مطلب ہے سارا عالم آپ کے ایک ہائیڈروجن بم کا کیا مقابلہ کر سکتا ہے۔کوریا کی جنگ آپ نے بند کردی ہے یہ بہت بڑی غلطی ہے۔... خیر اس کو چھوڑیے،آپ ہندوستان اور پاکستان میں جنگ شروع کرا دیجئے۔کوریا کی جنگ کے فائدے اس جنگ کے فائدوں کے سامنے ماندہ نہ پڑ گئے تو میں تو آپ کا بھتیجا نہیں۔قبلہ ذرا سوچئے، یہ جنگ کتنی منفعت بخش تجارت ہوگی۔آپ کے تمام اسلحہ ساز کارخانے ڈبل شفٹ پر کام کرنے لگیں گے۔ بھارت بھی آپ سے ہتھیار خریدے گا اور پاکستان بھی۔آپ کی پانچوں گھی میں ہوں گی ،اور سر کڑاہے میں ۔

ویسے آپ ہند چین میں جنگ جاری رکھئے ،لوگوں کو تلقین کرتے رہیے کہ یہ بڑا انیک کام ہے۔ فرانسیسی عوام اور فرانس حکومت جائے جہنم میں ،وہ اس جنگ کے خلاف ہے تو ہوا کرے،ہمیں کوئی پرواہ نہیں کرنی چاہیے۔ آخر ہمارا مقصد تو دنیا میں امن و امان قائم کرنا ہے، کیوں چچا جان؟

مجھے آپ کے مسٹر ڈلز کا یہ بہت بہت پسند آیا کہ آزاد دنیا کا مقصد کمیونزم کو شکست دینا ہے ...یہ ہے ہائیڈروجن بم کی پُر از حریت زبان ۔

جاہل لوگ یہ کہتے ہیں کہ مغربی اتحاد کا مقصد دوسری اقوام کے درمیان اختلافات کو طاقت کے بغیر حل کرنا ہونا چاہیے ...میں پوچھتا ہوں ، طاقت کے بغیر کوئی اختلاف آج تک حل ہوا ہے۔آج کل تو ساری دنیا اختلافات سے بھری پڑی ہے اور اس کا حل اس کے سوائے اور کیا ہو سکتا ہے کہ دنیا کی مکمل تباہی کی تصویر پیش کردی جائے اور اس سے کہا جائے کہ تم اپنے گھٹنے ٹیک دو۔

برطانیہ کے مسٹر بیوان کا آپ منھ بند کیوں نہیں کرتے ،آپ کی بلی آپ ہی کو میاؤں، خرذات آپ کے خلاف زہر اگل رہا ہے۔آپ کے مسٹر ڈلز کے متعلق کہتا ہے کہ وہ جدید ترین

خیالات سے بے بہرہ ہیں اور دنیا کو ہائیڈروجن بم سے ڈرا دھمکا کر اپنا الو سیدھا کرتے ہیں... الو کہیں کا۔

چچا جان مجھے بڑا تاؤ آتا ہے جب برطانیہ کا کوئی مسخرا آپ کے خلاف اول جلول بکتا ہے۔ میری مانئے، جزائر برطانیہ ہی کو صفحہ ہستی سے نیست و نابود کر دیجئے۔ اولوالعزم لوگوں کے لیے یہ ٹاپو ہمیشہ دردِ سر بنے رہے ہیں۔ اگر آپ ان کو اڑانا نہیں چاہتے تو وہ بیس میل لمبی کھائی پاٹ دیجئے جو برطانیہ عظمیٰ کو یورپ سے جدا کرتی ہے۔ اللہ بخشے پینولین بونا پارٹ اور ہٹلر کو اس سے بڑی چڑتھی، اگر یہ نہ ہوتی تو آج مسٹر بیوان بھی نہ ہوتے اور بہت ممکن ہے آپ بھی غفراللہ ہو گئے ہوتے، جو پریشانیاں اب آپ کو اٹھانا پڑ رہی ہیں ان سے آپ کو یقیناً نجات مل جاتی۔

میں آپ سے سچ کہتا ہوں آگے چل کر آپ کو برطانیہ بہت تنگ کرے گا۔ میں تو کمبل کو چھوڑتا ہوں، کمبل ہی مجھے نہیں چھوڑتا والا معاملہ ہو جائے گا۔ پچھلی جنگ میں جرمنی نے اٹلی کو اپنے ساتھ ملایا لیکن غریب مصیبت میں گرفتار ہو گیا۔ لینے کے دینے پڑ گئے۔ آپ اس چکر میں نہ پڑیئے گا۔ بس اپنے اسی پرانے اصول پر قائم رہیں۔ "کیس اینڈ کیری۔"

ردبار انگلستان کو پر کر کے یورپ ملانے کا منصوبہ آپ یہ خط ملتے ہی بنا لیں۔ میرا خیال ہے آپ کے انجینئر ایک مہینے کے اندر اس کام سے عہد برآہ ہو جائیں گے۔

میں نے اصل میں یہ خط آپ کو اس لیے لکھا تھا کہ آپ میری کوئی جوبلی منائیں کیونکہ مجھے اس کا بڑا شوق ہے۔

مجھے لکھتے ہوئے پچیس برس ہونے کو ہیں، چونچلا ہی سہی، لیکن میں آپ سے درخواست کرتا ہوں کہ اور گڑگڑا کرتا ہوں کہ اور کچھ نہیں تو میری ایک کوئی جوبلی منا ڈالیے۔ چونکہ میرا پیشہ لکھنا ہے اس مناسبت سے اس جوبلی کا نام "پارکر فٹی ون قلموں" میں تلوا دیجئے۔ ترازو میں احسان بن دانش کی ٹال سے لے لوں گا۔ معلوم نہیں ایک قلم کا وزن کتنا ہوتا ہے۔ میرا وزن اس وقت ایک من ڈھائی سیر ہے۔ لیکن جوبلی کے روز یہ گھٹ کر ایک من رہ جائے گا۔ اگر آپ نے دیر کر دی تو مجھے بڑی ناامیدی کا سامنا کرنا پڑے گا۔ اس لیے میرا

وزن گھٹتے گھٹتے صفر رہ جائے گا۔

آپ حساب لگا دیجئے کہ ایک من میں پارکر ففٹی ون، قلم کتنے چڑھیں گے۔ لیکن خدارا جلدی کیجئے گا۔

یہاں سب خیریت ہے۔ مولانا بھاشانی اور مسٹر سہروردی ماشااللہ دن بدن تگڑے ہو رہے ہیں۔ آپ سے کچھ ناراض معلوم ہوتے ہیں۔ مولانا کو آپ ایک عدد خالص امریکی تسبیح اور مسٹر سہروردی کو ایک عدد خالص امریکی کیمرہ روانہ کر دیں، ان کی ناراضی دور ہو جائے گی۔ ہیرامنڈی کی طوائفیں، شورش کاشمیری کے ذریعے مجھ سے مجرا عرض کرتی ہیں۔

آپ کا تابع فرمان
سعادت حسن منٹو
۱۳؍ لکشمی مینشنز، ہال روڈ، لاہور
۱۴؍ اپریل ۱۹۵۴ء

چچا سام کے نام آٹھواں خط

چچا جان، تسلیم و نیاز!

امید ہے کہ میرا ساتواں خط آپ کو مل گیا ہوگا۔اس کے جواب کا مجھے انتظار ہے۔کیا آپ نے روسی ثقافتی وفد کے توڑ میں کوئی ایسا ہی ثقافتی اور خیر سگالی وفد یہاں پاکستان میں بھیجنے کا ارادہ کرلیا؟ مجھے اس سے ضرور مطلع فرمائیے گا تا کہ اس طرف سے مجھے اطمینان ہوجائے اور میں یہاں کے کمیونسٹوں کو جو ابھی تک روسی وفد کی شاندار کامیابی پر بغلیں بجا رہے ہیں۔ یہ خبر سنا کر برفا دوں کہ میرے چچا جان اس سے بھی کہیں بڑھ کر ایسا وفد بھیج رہے ہیں جس میں ملین ڈالر ٹانگوں اور ملین ڈالر جوبنوں والی لڑکیاں شامل ہوں گی۔ جن کی ایک جھلک دیکھ کر ہی ان کی رال

ٹپکنے لگے گی۔

آپ کو یہ سن کر خوشی ہوگی کہ ہمارے صوبے کے وزیرِ اعظم جناب ملک فیروز خان نون صاحب میدانِ عمل میں کود پڑے ہیں۔ آپ نے پچھلے دنوں زیرِ لب صرف اتنا کہا تھا کہ ہمیں کمیونسٹوں کی ریشہ دوانیاں دبانے کی کوشش کرنی چاہئے۔ مبارک ہو کہ دابنے دبانے کا یہ کام شروع ہو چکا ہے۔ بسم اللہ کمیونسٹوں کے دفتر پر پولیس کے چھاپے سے ہوئی ہے اور میں یہ خط اسی خوشی میں لکھ رہا ہوں۔

ہمارے اخبار کہتے ہیں کہ بہت جلد ''سرخوں'' کی گرفتاریوں کی بھرمار شروع ہو جائے گی۔ محکمہ پولیس نے گرفتار کیے جانے والوں کی فہرست تیار کر لی ہے، اللہ نے چاہا تو بہت جلد یہ فتنہ ساز جیلوں میں ہوں گے، سب سے پہلے اگر کامریڈ فیروز الدین منصور کو قید کیا گیا تو مجھے بڑی راحت ہوگی۔ اس کو دمّے کی شکایت ہے۔ میں نے سنا ہے کہ جس کو یہ مرض ہو تو وہ مرنے کا کبھی نام ہی نہیں لیتا۔ یہ مرض کی اگر زیادتی ہے تو کامریڈ منصور کی بھی زیادتی ہے۔ میرا خیال ہے کہ اگر اب اسے جیل ڈالا گیا تو ضرور مر جائے گا۔ خس کم جہاں پاک۔ احمد ندیم قاسمی بھی یقیناً قید ہو جائے گا۔ میاں افتخار الدین نے اس کو اپنے پرچے ''امروز'' کا ایڈیٹر بنا کر بہت بڑا جرم کیا ہے۔ چاہئے تو یہ تھا کہ میاں صاحب گرفتار کیے جاتے۔ مگر وہ بڑے کائیاں ہیں۔ پولیس ہتھکڑیاں لے کر اس کی کوٹھی پہنچے گی تو وہ مسکرا کر باہر نکلیں گے اور ''اسٹے کا آرڈر'' دکھا دیں گے۔ پچھلے دنوں ''امروز'' اور ''پاکستان ٹائمز'' کے دفاتر میں کرائے کی نادہندگی کے باعث تالے لگنے ہی والے تھے کہ ایک ''اسٹے آرڈر'' مداری کی مانند تھیلے سے باہر نکال کر پولیس کی متحیر آنکھوں کے سامنے رکھ دیا تھا۔ بہر حال احمد ندیم قاسمی بھی قصوروار ہے۔ اس کو اس کی سزا ضرور ملنی چاہئے۔ کم بخت ''پنج دریا'' کا قلمی نام لکھ کر آپ کی تاروں بھری ٹوپی اچھالتا رہتا ہے۔

میری تو یہ رائے ہے کہ آپ پانچ امریکی لڑکیاں (صرف کنواری) اس کی بہنیں بنا دیں۔ اس کو راہِ راست پر لانے کا یہ نسخہ بہت مجرب ہے۔ اس صورت میں اس کو جیل خانے میں ٹھنسنے کی ضرورت باقی نہیں رہے گی۔ جب پانچوں گھی میں اور سر کڑاہے میں ہوگا تو کمیونزم اس کے دماغ سے ایسے غائب ہوگی جیسے گدھے کے سر سے سینگ۔

جوں ہی یہاں سرخوں کی گرفتاریاں عمل میں آئیں، میں آپ کو مطلع کر دوں گا۔ میری برخورداریاں نوٹ فرماتے جائیے گا۔ اگر آپ اچھے موڈ میں ہوں تو مجھے تین سو روپے بطور قرض دینا نہ بھولیے گا، پچھلا تین سو تو میں نے دو دن کے اندر اندر ہی ختم کر ڈالا تھا اور آپ کی یہ عنایت قریب قریب دو برس پرانی ہو چکی ہے۔

میں نے اپنے چھٹے خط کے متعلق جو آپ تک نہیں پہنچا، تفتیش کی تھی۔ جیسا کہ مجھے شک تھا۔ یہ سب ان نا ہنجار کمیونسٹوں کی شرارت تھی۔ احمد راہی کو آپ جانتے ہیں؟ وہی ترنجن کا مصنف، جس کو ہماری حکومت نے پانچ سو روپیہ انعام دیا تھا کہ اس نے پنجابی زبان میں بڑی پیاری نظمیں لکھی ہیں۔ اس میں کوئی شک نہیں، یہ نظمیں بڑی پیاری اور نرم و نازک ہیں۔ مگر آپ نہیں جانتے یہ احمد راہی بڑا خطرناک کمیونسٹ ہے، پارٹی آفس میں دوسرے ممبر ٹوٹے پیالوں میں چائے پیتے ہیں، مگر یہ چھپ چھپ کر بیئر پیتا ہے اور پی کر موٹا ہو رہا ہے۔ میرا دوست ہے۔ میں نے اسی کو خط پوسٹ کرنے کے لیے دیا تھا۔ مگر کمیونسٹ جو ہوا، یہ خط گول کر گیا اور پارٹی کے حوالے کر دیا۔ مجھے ابھی تک پورے طور پر تاؤ نہیں آیا اور میرے پاس اتنے پیسے بھی نہیں۔ ورنہ میں نے سوچ رکھا ہے کہ ایک دن اس کو اتنی بیئر پلاؤں کہ اس کی تو ند پھٹ جائے۔

ایک دن کمبخت مجھ سے کہنے لگا کہ تم اپنے چچا سام کو چھوڑو۔ ملنکوف سے خط و کتابت شروع کرو۔ آخرہ وہ تمھارا ماموں ہے۔ میں نے کہا یہ درست ہے۔ لیکن وہ میرے سوتیلے ماموں ہیں، ان کو مجھ سے یا مجھ کو ان سے کبھی محبت نہیں ہو سکتی، اس کے علاوہ میں جانتا ہوں کہ ان کا اپنے سگے بھانجوں سے بھی کوئی اچھا برتاؤ نہیں۔ وہ غریب اس پر اپنی جان چھڑکتے ہیں، اس سے بے پناہ عقیدت رکھتے ہیں، پھٹے پرانے کپڑوں میں اپنی خستہ حالیوں کے باوجود اس کی خدمت کرتے ہیں اور وہ صرف ایک سوکھی شاباشی وہاں سے سرخ مہر لگا کر روانہ کر دیتا ہے۔ انگریز چچا اور انگریز ماموں اس روسی ماموں سے لاکھ درجے بہتر تھے۔ گو، سر خان بہادر اور خان صاحب ایسے خطابوں ہی سے سرفراز فرما کر خادیتے تھے۔ لیکن ملنکوف صاحب یہ بھی نہیں کرتے۔ میں جب مانوں کہ وہ عبداللہ ملک کو جوان کا سب سے وفادار بھانجا ہے۔ کوئی چھوٹا سا خطاب ہی عطا فرما دیں۔ اس کے لیے جیل جا کر آرام و اطمینان سے کتابیں لکھنے میں کتنی آسانی ہو جائے گی۔

کچھ بھی ہو... میں آپ کا غلام ہوں۔ آپ نے تو پہلے تین سوروپوں ہی میں مجھے ہمیشہ ہمیشہ کے لیے خرید لیا تھا۔ اگر آپ تین سوروپے اور بھیج دیں تو دوسری زندگی میں بھی اس غلامی کو برقرار رکھنے کا وعدہ کرتا ہوں۔ بشرطیکہ اللہ میاں جو آپ سے بڑا ہے، میرے لیے پانچ چھ سو روپے ماہوار وظیفہ مقرر کردے۔ اگر انہوں نے کسی حوّا سے میرا نکاح پڑھوا دیا تو افسوس ہے کہ یہ وعدہ اس صورت میں بالکل ایفا نہ ہو سکے گا۔ میری صاف بیانی کی داد دیجئے۔ بات دراصل یہ ہے کہ میں اللہ میاں اور اس کی حوّا کے سامنے چیں تک بھی نہ کر سکوں گا، آج کل ہمارے یہاں شاہی مہمانوں کا تانتا بندھا ہوا ہے۔ پہلے شاہِ ایران آئے، پھر شاہِ عراق، پھر پرنس علی خان (آپ کی ریٹا ہیورتھ کے سابق شوہر) مہاراجہ پورا اور اب شاہ سعود، والئی سعودی عرب، میں شاہِ سعود خالد کے مکّہ کا آنکھوں دیکھا اور کانوں سنا حال مختصراً بیان کرتا ہوں۔ شاہِ سعود اپنے پچیس شہزادوں سمیت ہوائی جہاز کے ذریعے سے کراچی پہنچے۔ جہاں ان کا شاندار استقبال ہوا۔ ان کے شہزادے اور بھی ہیں، معلوم نہیں وہ کیوں نہیں آئے۔ شاید اس لیے کہ دو تین ہوائی جہاز اور درکار ہوں گے۔ یا ان کی عمر بہت چھوٹی ہوگی اور اپنی ماں کی گود کو ہوائی جہاز پر ترجیح دیتے ہوں گے۔ بات بھی ٹھیک ہے۔ اپنی ماؤں اور اونٹنیوں کا دودھ پینے والے بچے گلیکسو یا کاؤ گیٹ کے خشک دودھ پر کیسے جی سکتے ہیں۔

چچا جان! غور کرنے والی بات ہے۔ شاہ سعود کے ساتھ ماشاء اللہ ان کے پچیس لڑکے تھے۔ لڑکیاں خدا معلوم کتنی ہوں گی۔ خدا ان کی عمر دراز کرے اور شاہ کو نظرِ بد سے بچائے۔ مجھے بتائیے کہ آپ کی سات آزادیوں والی مملکت میں کوئی ایسا مردِ مجاہد یا مردم خیز ہے جس کی اتنی اولاد ہو۔ چچا جان! یہ سب مذہب اسلام کی دین ہے یہ رتبہ بلند ملا جس کو ملا، ناچیز کی رائے یہ ہے کہ آپ فوراً اپنی سلطنت کا سرکاری مذہب اسلام قرار دے دیں۔ اس سے بڑے فائدے ہوں گے۔ قریب قریب ہر شادی شدہ مرد کو چار شادیاں کرنے کی اجازت ہوگی۔ اگر ایک عورت چار بچے بھی بڑے بخل سے کام لے کر پیدا کرے تو اس حساب سے سولہ لڑکے لڑکیاں ایک مرد کی مردانگی اور اس کی بیوی کی زرخیزی کا ثبوت ہونے چاہئیں۔ لڑکے لڑکیاں جنگ میں کتنی کام آ سکتی ہیں۔ آپ جہاندیدہ ہیں، خود اندازہ لگا سکتے ہیں۔ میں امرتسر کا رہنے والا ہوں۔ مسٹر ریڈ کلف کی

مہربانی سے اب بھارت میں چلا گیا ہے،اس میں ایک حکیم تھے احمد ابوتراب،آپ نے اپنی زندگی میں دس شادیاں کیں، چار چار کر کے نہیں، ایک ایک کر کے،ان بیویوں سے ان کے بے شمار اولاد تھی، جب انہوں نے ۹۰ سال کی عمر میں آخری شادی کی تو ان کے بڑے لڑکے کی عمر ۷۵ سال کی اور سب سے چھوٹے کی جو اس آخری بیوی کے بطن سے پیدا ہوا تھا صرف دو برس کی تھی۔ایک سو بارہ کی عمر میں آپ کا انتقال یہاں لاہور میں ایک مہاجر کی حیثیت سے ہوا،کسی شاعر نے ان کی تاریخ وفات اس مشہور مصرعے میں نکالی تھی۔''حسرت ان غنچوں پر ہے جو بن کھلے مرجھا گئے''(۱۷۱۲ھ) یہ بھی اللہ تبارک وتعالٰی اور اس کے منظور شدہ مذہبِ اسلام کی برکت تھی۔ اگر آپ کے شادی شدہ مردوں کو شروع شروع میں چار بیویوں کو بیک وقت سنبھالنے میں کسی قسم کی دقّت محسوس ہو تو شاہ سعود کو یہاں بلا کر ان کی خدمات سے استفادہ کر سکتے ہیں۔ آپ ان کے دوست ہیں۔ ان کے والد مرحوم سے تو آپ کی گاڑھی چھنتی تھی۔ میں نے سنا تھا کہ آپ نے ان کے اور ان کے حرم کے لیے بڑی عالیشان گاڑیوں کا ایک کارواں تیار کر کے ان کو بطور تحفہ پیش کیا تھا۔

میرا خیال ہے۔شاہ سعود آپ کو اپنے تمام صدری نسخے بتا دیں گے۔ ہمارے پاکستان کے ساتھ آج کل سوائے ہندوستان اور روس قریب قریب ہر ملک دلچسپی لے رہا ہے اور یہ سب آپ کی مہربانیوں کا نتیجہ ہے کہ آپ نے ہماری طرف دوستی اور تعاون کا ہاتھ بڑھایا۔اور ہم اس قابل ہو گئے کہ دوسرے بھی ہم پر نظر کرم فرمانے لگے۔ ہم پاکستانی تو اسلام کے نام پر مرمٹتے ہیں۔ایک زمانہ تھا جب ہم مصطفٰی کمال پاشا اور انور پاشا کے شیدائی تھے۔انور پاشا کے مرنے کی خبر آتی تو ہم سب لوگ سوگ کرتے۔ سچ مچ کے آنسوؤں سے روتے جب یہ پتہ چلتا کہ وہ خدا کے فضل سے زندہ ہیں تو ہم خوشی سے ناچتے کودتے اور گھر میں چراغاں کرتے۔ مصطفٰی کمال اور انور دونوں ایک دوسرے کے جانی دشمن تھے۔ ہمیں اس کا کچھ علم نہیں تھا۔ ترکوں کو ہندی مسلمانوں سے کوئی دلچسپی نہ تھی۔ وہ ہم کو تین میں سمجھتے تھے نہ تیرہ میں۔اس کا ہمیں کچھ کچھ پتہ تھا۔لیکن ہمیں ان سے محبت تھی کہ وہ ہمارے اسلامی بھائی تھے۔ ہم ایسے شریف النفس اور سادہ لوح ہیں کہ ہمیں آملے اور چنبیلی کے اس تیل سے بھی محبت ہے جو یہاں ''اسلامی بھائیوں کا تیار کردہ''ملتا ہے۔اس

کوہم اپنے سروں میں ڈالتے ہیں تو ایسا کیف آتا ہے کہ موجودہ جنت کی تمام لطافتیں، اس کے سامنے ماند پڑ جاتی ہیں۔ ہم سب بڑے بدھو اور پیارے لوگ ہیں۔ خدا رہتی دنیا تک ہماری تمام صفات قائم رکھے۔ میں بات شاہ سعود کے دورہ مسعود کی کر رہا تھا لیکن جذباتی ہو کر اسلام کے گن گانے لگا۔ بات یہ ہے کہ اسلام کے گن گانے ہی پڑتے ہیں۔ ہندو مذہب، عیسائی ریلی جن، بدھ مت... آخر یہ کیا ہیں؟ کیا ان کے ماننے والوں میں کوئی ایک فرد پچیس لڑکوں کا باپ ہونے کا دعویٰ کر سکتا ہے؟ اس لیے میں نے آپ کو مشورہ دیا تھا کہ آپ کی ریاست ہائے متحدہ کا سرکاری مذہب اسلام فرما دیں تا کہ آپ کو کوئی جاپان فتح کر کے حرامی بچے پیدا کرنے کی ضرورت محسوس نہ ہو۔ چچا جان کیا آپ کو حرامی پناپسند ہے؟ میں مسلمان ہوں۔ مجھے تو خدا اور اس کے رسول کی قسم، اس سے سخت نفرت ہے۔ بچے ہی پیدا کرنے ہیں تو اس کا کتنا سہل طریقہ اسلام میں موجود ہے۔ نکاح پڑھوایئے اور بڑے شوق سے بچے پیدا کیجئے۔ میں تو سمجھتا ہوں کہ آپ بھی چار شادیاں کر لیجیے۔ چچی جان اگر بقید حیات ہیں تو کوئی بات نہیں۔ آپ مشرف بہ اسلام ہو کر تین اور شادیاں کر سکتے ہیں۔ یہاں پاکستان میں آپ مشہور ایکٹریس عشرت جہاں بو کو اپنے رشتہ مناکحت میں لا سکتے ہیں کہ وہ کئی شوہروں کا تجربہ رکھتی ہے۔ شاہ سعود بڑی پُر از سحر شخصیت کے مالک ہیں۔ طیارے سے باہر نکلتے ہی آپ ہمارے لاہور کے موچی دروازے کے گورنر جنرل جناب غلام محمد خان سے بغلگیر ہوئے اور اسلامی بھائیوں کی رجسٹرڈ اخوت و محبت کا مظاہرہ کیا جو بڑا کفر شکن تھا۔ آپ کے اعزاز میں کراچی کے مسلمانوں نے اپنی بساط سے بڑھ کر نعرے لگائے۔ جلسے کئے، جلوس نکالے، دعوتیں کیں! اسلام کی سیزدہ صد سالہ روایات کو قائم رکھا۔ شاہ سعود اپنے ساتھ ایک سونے سے بھرا ہوا بکس لائے تھے جو کراچی کے مزدوروں سے بصد مشکل اٹھایا گیا۔ آپ نے یہ سونا کراچی میں بیچ دیا اور پاکستان کو دس لاکھ روپے مرحمت فرمائے۔ فیصلہ ہوا کہ اس روپے سے غریب مہاجرین کے لیے ایک کالونی تعمیر کی جائے گی جس کا نام سعود آباد ہوگا۔ رہے نام اللہ کا؟ معتبر ذرائع سے معلوم ہوا ہے کہ شاہ سعود خیر سگالی کے طور پر اپنے دو صاحبزادوں کی شادی ہمارے پاکستان میں کرنا چاہتے ہیں۔ زہے نصیب، سنا ہے، سنا ہے کراچی میں بیگم شاہ نواز کو جب عرب شہزادوں کے لیے کوئی مناسب رشتہ نہ ملا تو انہوں نے بیگم بشیر کو ٹیلیفون کیا

کہ لاہور میں سلسلہ جنبانی کریں۔ اس لیے کہ لاہور آخر لاہور ہے، اس میں شہزادوں کے لائق کنواری لڑکیوں کی کیا کمی ہے۔ چنانچہ سنا ہے کہ بیگم بشیر نے بیگم جی اے خان اور بیگم سلمٰی تصدق کو ساتھ ملا کر روایتی نائین کے فرائض سر انجام دیئے اور اونچے گھرانوں میں شاہ سعود کے اور ارجمند فرزندوں کے لیے پیغام لے کر گئیں مگر افسوس ہے کہ انہیں کامیابی نصیب نہ ہوئی۔ اس کی وجہ یہ بیان کی جاتی ہے کہ ہمارے اونچے طبقے کی جوان اور ناکتخدا لڑکیوں کو عرب کے یہ "اونٹ" ایک آنکھ نہیں بھاتے۔ میں سمجھتا ہوں یہ ان کی غلطی ہے۔ اس سے پہلے جب کہ پاکستان نہیں بنا تھا سعودی عرب سے ہندوستان کے مسلمانوں کا اس قسم کا رشتہ ہو چکا ہے۔ مولانا داؤد غزنوی اور مولانا اسماعیل غزنوی کے خاندان کی ایک دوشیزہ مرحوم شاہ سعود کے والد بزرگوار جناب عبدالعزیز ابن سعود کے رشتہ مناکحت میں جا چکی ہیں۔ آپ کو شاید معلوم ہو کہ مولانا اسماعیل غزنوی نے اس سلسلے میں ۷ رِ حج کیے تھے، حالانکہ ایک ہی حج کافی تھا۔ دل بدست اور اکہ حج اکبر است ۔ بیگم بشیر، بیگم جی اے خان، بیگم تصدق کو اس کارِ خیر میں ناکامی کا سامنا کرنا پڑا ہے۔ لیکن مجھے یقین ہے کوئی نہ کوئی بلبل نکل آئے گی ۔ ہمارے پاکستان میں دو ایسی لڑکیاں بر آمد ہو جائیں گی، جن کو سرزمینِ حجاز کے شہزادے سرفراز فرمائیں گے۔ میں نے اپنے کسی پچھلے خط میں خواتین کے متعلق آپ کو کچھ لکھا تھا۔ غالباً ان بلاؤزوں کے بارے میں جو بڑی عمر کی پہنتی ہیں اور اپنی کلبوت چڑھے پیٹوں کی نمائش کرتی ہیں ۔ اس پر ہماری یونیورسٹی کے صدرِ شعبہ فارسی جناب ڈاکٹر محمد باقر صاحب بہت جز بز ہوئے۔ آپ نے مجھے کئی مہذب قسم کی گالیاں دیں اور اس لیے معلون و مطعون قرار دیا کہ میں نے اپنے یہاں کی عورت کی بے حرمتی کی ہے۔ لاحول ولا ... میں نے جو کچھ بیان کیا تھا محض یہ تھا کہ بوڑھی عورتوں کو اپنے عمر سے اس قسم کے نیم عریاں چو نچلے زیب نہیں دیتے۔ مجھے ڈر ہے کہ ڈاکٹر صاحب میرا یہ خط پڑھیں تو مجھ پر الزام دھریں گے کہ میں نے پھر "عورت" کی بے حرمتی کی ہے۔ بات اصل میں یہ ہے کہ ہم لوگ فطرتاً سادہ لوح اور بدھو ہیں ۔ ہماری عورتیں تو بادنما مرغیاں ہیں جدھر ہوا چلتی ہے ادھر چل پڑتی ہیں۔ شاہِ ایران تشریف لائے تو اونچی سوسائٹی کی لڑکیوں نے طرح طرح سے خود کو سجایا بنایا کہ شاہ ان دنوں فارغ تھے۔

فوزیہ کو طلاق دے چکے تھے مگر انہوں نے ان سے صرف رسمی دلچسپی لی اور ایران جا کر
ثریا اسفندیار سے شادی کر لی۔ اس کے بعد پرنس علی آئے، وہ بھی فارغ تھے، اس لیے کہ آپ کی
ریٹا ہیورتھ ان سے طلاق حاصل کر چکی تھی۔ ہماری اونچی سوسائٹی کی لڑکیوں نے ایڑی چوٹی کا زور
لگا کر اپنی مانگ چوٹی درست کی، نوک پلک نکالی مگر شہزادے نے ان کی ساری امنگوں پر ٹھنڈا ٹچ
پانی پھیرا۔ اور آپ کی ہالی وُڈ کی ایک اور ایکٹریس جین ٹیزنی سے معاشقہ شروع کر دیا۔ خدا
آپ کی سات آزادیوں والی مملکت کو قائم و دائم رکھے۔ پھر شاہ عراق آئے مگر ہماری اونچی سوسائٹی
کی با کرہ لڑکیاں انہیں دیکھ کر بہت مایوس ہوئیں، اس لیے کہ وہ کم عمر تھے۔ ایک نے کہا ہائے اس
بچے کا تو کھیل کود کا زمانہ ہے، کیوں اس بیچارے پر سلطنت کا بوجھ ڈالا گیا ہے۔ اسی طرح ایک
بوڑھی (جس کا پیٹ بہت زیادہ نگاں نہیں تھا) شاہ عراق پر ترس کھا کر کہا۔ بُڈھوں سے اس غریب کو
کیا دلچسپی ہوگی، جاؤ اس کے ہم عمر کو بلا ؤ اور ان سے اس کو ملاؤ، یہ بھی گئے۔ اب شاہ سعود تشریف
لائے اپنے ۲۲ ر یا ۲۵ رشہزادوں سمیت گورنمنٹ ہاؤس میں ان کی شاندار دعوت ہوئی۔ جس
میں اونچی سوسائٹی کی تمام کتخدا اور نا کتخدا لڑکیوں اور عورتوں نے شرکت کی۔ سگریٹ پینے کی
اجازت نہیں تھی۔ عبداللہ کو بھی نہیں۔ بہرحال وہ سگریٹ کے دھویں کے بغیر بہت محفوظ ہے اور یہ
خط انہیں خالص اسلامی مہمان نوازی کی بدولت نصیب ہوا۔ ان کے دو درجن جن شہزادوں نے انارکلی
میں سینکڑوں پاکستانی جوتے خریدے اور اپنی خیر سگالی کا ثبوت دیا۔ اب یہ جوتے صحرائے عرب
کی ریتوں پر چلیں گے اور اپنی دیر پائی کے فانی نقش ثبت کریں گے۔ یہ خط نامکمل چھوڑ رہا ہوں
اس لیے کہ مجھے اپنے پبلشر سے اپنی نئی کتاب کی رائلٹی وصول کرنی ہے۔ دس روز سے وعدے کر
رہا ہے۔ میرا خیال ہے آج دس روپے ضرور دے گا، یہ مل گئے تو میں یہ خط پوسٹ کر سکوں گا
ورنہ ...

جین ٹیزنی کو ایک اڑتا ہوا بوسہ ...

آپ کا برخوردار

۲۲؍اپریل ۱۹۵۴ء   سعادت حسن منٹو

چچا سام کے نام نواں خط

چچا جان۔السلام علیکم!

میرا پچھلا خط نامکمل تھا بس صرف اتنا یاد رہا ہے۔ اگر یاد آ گیا کہ میں نے اس میں کیا لکھا تھا تو اس کو مکمل کر دوں گا۔ میرا حافظہ یہاں کی کشید کی ہوئی شرابیں پی پی کر بہت کمزور ہو گیا ہے۔ یوں تو پنجاب میں شراب نوشی ممنوع ہے، مگر کوئی بھی آدمی بارہ روپے دو آنے خرچ کر کے شراب پینے کے لیے پرمٹ حاصل کر سکتا ہے۔ اس رقم میں پانچ روپے ڈاکٹر کی فیس ہوتے ہیں جو لکھ دیتا ہے کہ جس آدمی نے یہ روپے خرچ کیے ہیں، اگر باقاعدہ شراب نہ پیئے تو اس کے جینے کا کوئی امکان نہیں۔

مجھے یاد ہے، بہت عرصہ ہوا آپ نے بھی اپنے ملک میں شراب قطعاً ممنوع قرار دے دی تھی، پرمٹوں کا جھگڑا آپ نے نہیں پالا تھا لیکن اس کا نتیجہ خاطر خواہ نہیں نکلا تھا۔ بڑے بڑے گینگسٹر اور بوٹ لیگر پیدا ہو گئے تھے۔ جنہوں نے آپ کی حکومت کے مقابلے میں اپنی متوازی حکومت قائم کر لی تھی۔ آخر نا کام ہو کر آپ کو امتناع شراب کا حکم واپس لینا پڑا تھا۔

یہاں اس قسم کی کوئی واپسی نہیں ہو گی۔ ہماری حکومت ملاؤں کو بھی خوش رکھنا چاہتی ہے اور شرابیوں کو بھی۔ حالانکہ مزے کی بات یہ ہے شرابیوں میں کئی ملّا موجود ہیں اور ملّاؤں میں اکثر شرابی۔ بہر حال شراب بکتی رہے گی اس لیے آپ کو میری طرف سے مُتردّد نہیں ہونا چاہیے۔ یوں بھی آپ کافی کھٹور ہیں، اتنی دفعہ لکھ چکا ہوں کہ یہاں کی شراب بڑی ظالم ہے۔ لیکن آپ نے کبھی اپنے برخوردار بھتیجے کو اس کے نقصانات سے محفوظ رکھنے کے لیے اپنے یہاں کی وسکی بھیجنے کی زحمت گوارا نہ کی ... میں اب اس کے متعلق آپ سے کوئی بات نہیں کروں گا۔ مجھے جھونکیے بھاڑ میں، میرے ملک پاکستان کی فوجی امداد جاری رکھیے۔ میں خوش میرا خدا خوش۔

میں خوش ہوں کہ آپ میرے خطوط اپنے پائپ میں جلا کر نہیں پیتے، بلکہ غور سے پڑھتے ہیں اور میرے مشوروں پر کافی توجہ دیتے ہیں۔ اس یخوشی میں آپ کو ایک مشورہ دیتا ہوں، وہ یہ ہے کہ روز نامہ ''زمیندار'' کو آپ اس طرح مدد دیجیے کہ کانوں کان خبر نہ ہو۔ اس کے بھینگے مینجنگ ڈائریکٹر اور نیم لنگڑے ایڈیٹر کو روپیہ وصول کرنے کا کوئی سلیقہ نہیں۔ بانی ''زمیندار'' کے فرزند ارجمند مولانا اختر علی خان (جن کو مولانا کا خطاب وراثت میں ملا ہے) بھی یہ سلیقہ نہیں رکھتے تھے، اس لیے کہ جب ان کو محکمہ تعلقات عامّہ کا سابق ڈائریکٹر میر نور احمد صاحب کی طرف سے، ہزار روپے منھ بندی کے ملے تو انہوں نے جھٹ سے ایک نئی امریکن کار خرید لی اور بڑے ٹھاٹ سے اس کی مسّی کی رسم ادا کی۔ یہ ان کی سراسر حماقت تھی، وہ ان دنوں جیل میں ہیں۔ خدا کرے وہ اسی چار دیواری میں رہیں اور اپنی مزید حماقتوں کا ثبوت نہ دیں، مگر حیرت ہے کہ ان کے صاحب زادے بھی جو آج کل ''زمیندار'' کی مینجنگ ایڈیٹری کرتے ہیں، تعلیم یافتہ ہونے کے باوجود نرے کھرے چغد ہیں۔

پچھلے دنوں اس اخبار کے تیمورلنگ پر میری ہمدردی کا دورہ پڑا تھا۔ اگر آپ کے پاؤں میں لنگ نہ ہوتا تو آپ یقیناً پاکستان کے ڈاکٹر مُصدّق ہوتے۔ آپ جب لکھنا شروع کرتے ہیں تو سارے جہاں کا درد آپ کی گردن پر مرد تسمہ پا کی طرح سوار ہو جاتا ہے۔ آپ کو خیر اس سے پہلے خبر پہنچ چکی ہوگی کہ ڈاکٹر مُصدّق کی سماعت ایران کی عدالتِ عالیہ میں شروع ہوئی تو اس پاکستانی ظہورالحسن ڈار نے جو بے ڈار تحریر میں یدِ طولیٰ رکھتا ہے کہا۔"میں کچھ کہنا نہیں چاہتا مجھے اس طلسمی انگوٹھی پر پورا اعتماد ہے جو میری بیوی نے مجھے پیش کی تھی۔"
ایک مرتبہ انہوں نے فوجی عدالت میں سرکاری وکیل کو کشتی لڑنے کی دعوت دے ماری تھی۔

اس کے بعد انہوں نے فرمایا تھا کہ بھوک ہڑتال فرمائیں گے اور خدا کے فضل و کرم سے دو دن کے اندر اندر اللہ کو پیارے ہو جائیں گے، مگر وہ اللہ کو برے بھی نہ ہوئے اور ماشا اللہ زندہ رہے۔ بے ہوش تو وہ اکثر ہوتے رہے۔

پاکستانی ڈاکٹر مُصدّق یعنی ظہورالحسن ڈار گو کہ ڈاکٹر نہیں، لیکن بے ہوش ہوتے رہتے ہیں۔ جب بھی ان کو غشی کا دورہ پڑتا ہے تو علی سفیان آفاقی اور منصور علی خان اس کو مولانا ظفر علی خان کا ایجاد کردہ نسخہ سنگھاتے ہیں تا کہ وہ ہوش میں آئیں اور آج کی ڈائری لکھنے کے قابل ہو سکیں، انہی کی لنگڑی ٹانگ دیکھ کر کسی ترقی پسند نے ایک شعر کہا تھا، جس کا مصرعہ ثانی مجھے یاد رہا ہے۔

ایک توڑی خدا نے، دوسری توڑے روس

میرا خیال ہے یہ اس ترقی پسند شاعری کی زیادتی تھی ورنہ ڈار صاحب بڑے کہنہ مشق اخبار نویس ہیں۔ گالیاں کھا کے بھی بے مزہ نہیں ہوتے، گالیاں اور سٹھنیاں دے کر بھی ان کا پیٹ نہیں بھرتا اور یہ سب اس طلسمی انگوٹھی کے طفیل ہے جو غالباً ان کو کسی قدردان نے دی تھی۔

مجھے کہنا یہ تھا کہ اگر آپ "زمیندار" کو اخباری امداد دیں تو میری وساطت سے دیں تا کہ میں اپنے ہمدرد ظہورالحسن ڈار کے لیے اس کا حصّہ الگ کر کے اس کے اس کے حوالے کر دوں۔ بے چارہ میرے گھر بار کا بڑا خیال رکھتا ہے۔ میرے مضمون کی عام قیمت پچاس روپے ہے۔

اس نے اس خیال سے کہ میں اس گراں قدر رقم کو شراب میں اڑا دوں گا، اپنے خاص نمبر کے لیے مجھ سے ایک مضمون طلب کیا اور اس کی قیمت احتیاطاً بہیں روپے مقرر فرمائی اور یہ تہیہ کیا کہ اس رقم کا چیک میری بیوی کی خدمت میں خود پیش کرے گا تا کہ میری ہشت پشت پر احسان رہے۔ میں بہر حال اس کا ممنون و متشکر ہوں کہ اس کو میری بذات سے اتنی پُرخلوص دلچسپی ہے۔

یہاں کے سب اخباروں میں صرف ایک ''زمیندار'' ہی ایسا اخبار ہے جس کو آپ کے ڈالر جب چاہے خرید سکتے ہیں، اگر اختر علی خان رہا ہو گئے تو میں کوشش کروں گا کہ ظہور الحسن ڈار ہی اس کا ایڈیٹر رہے، بڑا بر خوردار لڑکا ہے۔

لیکن آپ اپنے اثر رسوخ سے کام لے کر میر نور احمد صاحب کو پھر محکمہ تعلقات عامّہ کا ڈائرکٹر بنوا دیجئے، سرفراز صاحب کسی کام کے آدمی نہیں، وہ لاکھوں روپیہ اخباروں میں تقسیم کرنے کے اہل نہیں۔ بہتر ہو گا اگر آپ روپیہ میری معرفت روانہ کریں۔ میر ان پر اس طرح کچھ رعب بھی رہے گا اور آپ کے پروپگنڈے کا کام بھی میری نگرانی میں بطریق احسن ہوتا رہے گا۔

آپ کے پرچے جو یہاں شائع ہوتے ہیں اکثر ردّی میں بکتے ہیں ''اخبار، ردّی، بوتل والے'' آپ کے بہت ممنون و متشکر ہیں۔ ان پرچوں کے کاغذ چونکہ مضبوط ہوتے ہیں۔ سودا سلف کے لیے لفافے بنانے کے کام آتے ہیں۔ آپ انہیں جاری رکھیے کہ ہمارے یہاں کاغذ کی شدید قلّت ہے۔ مگر آپ یہاں کے چلتے چلاتے ردّی میں نہ بکنے والے پرچے خرید سکتے ہیں۔

چچا جان، میں نے ایک بہت تشویش ناک خبر پڑھی ہے۔ معلوم نہیں کمیونسٹوں کی پھیلائی ہوئی افواہ ہے یا کیا ہے۔ اخباروں میں لکھا تھا کہ آپ کے یہاں خلاف وضع فطری کے افعال زوروں پر ہیں، اگر یہ درست ہے تو بڑی شرم کی بات ہے، آپ کی ملین ڈالر ٹانگوں والی لڑکیوں کو کیا ہوا، ڈوب مرنے کا مقام ہے ان کے لیے۔

خدا نخواستہ اگر یہ سلسلہ آپ کے یہاں شروع ہو چکا ہے تو اپنے سارے ''اوسکر وائلڈ''

یہاں روانہ فرما دیجئے یہاں ان کی کھپت ہو سکتی ہے وسیے بھی ہم لوگ آپ کی فوجی امداد کے پیشِ نظر ہر خدمت کے لیے تیار ہیں۔

معلوم نہیں، کامریڈ سبطِ حسن نے کسی نہ کسی طریقے سے میرا خط پڑھ لیا ہے۔ میرا خیال ہے یہ وہی خط ہے جو کامریڈ راہی نے بالا بالا اڑا لیا تھا۔ اسے پڑھ کر اس نے مجھے ایک خط لکھا ہے۔ ذرا اس کی ڈھٹائی ملاحظہ فرمائیے کہ سعادت تم خود کمیونسٹ ہو چاہے مانو نہ مانو، چچا جان یہ خط ضرور آپ کی نظروں سے گزرے گا، میں آپ کی سات آزادیوں اور آپ کے ڈالروں کو حاضر ناظر رکھ کر کہتا ہوں کہ میں کبھی کمیونسٹ تھا، نہ اب ہوں، یہ محض سبطِ حسن کی شرارت ہے، بڑی سرخ قسم کی جو آپ کے اور میرے تعلقات خراب کرنے کے درپے ہے۔ ورنہ جیسا کہ آپ کو معلوم ہے میں آپ کا برخوردار اور نمک خوار ہوں، یہ الگ بات ہے کہ ان تین سو روپیوں کی جو مجھے آپ نے بھیجے تھے صرف جم خانہ وسکی پی تھی جس کی تعریف میں اپنے کسی پچھلے خط میں کر چکا ہوں اور ایک ڈھیلے کا بھی نمک نہیں خریدا تھا۔ بڑی مصیبت ہے کہ ڈاکٹروں نے مجھے نمک کھانے سے منع کر رکھا ہے۔ جونہی انہوں نے اجازت دی میں آپ کو لکھ دوں گا تا کہ آپ وہاں سے خالص امریکی نمک میری روزمرّہ کی خوراک کے لیے بھیجتے رہیں اور میں صحیح معنوں میں آپ کا نمک خوار کہلا سکوں۔

میں آپ کو ایک بار پھر یقین دلانا چاہتا ہوں کہ میں کمیونسٹ نہیں ہوں، ہو سکتا ہے قادیانی بن جاؤں مگر کمیونسٹ تو میں کبھی نہیں بنوں گا، اس لیے کہ یہ سالے محض زبانی جمع خرچ سے کام لیتے ہیں، ہاتھ سے کچھ بھی دیتے دلاتے نہیں تو قادیانی بھی اسی قسم کے خسیس ہیں، پھر بھی پاکستانی ہیں۔ اس کے علاوہ میں ان سے کوئی بگاڑ پیدا نہیں کرنا چاہتا، کیونکہ مجھے معلوم ہے آپ کو ہائیڈروجن بم کے تجربوں کے بعد فوراً ایک نبی کی ضرورت ہو گی جو صرف مرزا بشیر الدین محمود ہی مہیا کر سکتے ہیں۔

آج کل یہاں کے کھیٹ مسلمان سر ظفر اللہ کے بہت خلاف ہو رہے ہیں۔ چاہتے ہیں کہ انہیں وزارت کی گدی سے اتار دیا جائے صرف اس لیے کہ وہ قادیانی ہیں۔ ذاتی طور پر مجھے ان سے کوئی پرخاش نہیں لیکن میں اتنا سمجھتا ہوں کہ وہ آپ کے لیے بہت کار آمد ثابت ہو

سکتے ہیں۔ میرا مشورہ ہے کہ آپ ان کو اپنے یہاں بلالیں۔ خدا کے فضل و کرم سے وہ آپ کے یہاں کی تمام جنسی بے راہ روی کو دور کر دیں گے۔

عراق کی حکومت کی طرف سے آج یہ اعلان سنا کہ آپ اسلامی ملک کو بھی فوجی امداد دینے پر رضامند ہو گئے ہیں، یہ بھی معلوم ہوا ہے کہ امداد غیر مشروط ہوگی چچا جان! آپ میرے پاس ہوتے تو میں آپ کے پاؤں چوم لیتا، خدا آپ کو رہتی دنیا تک سلامت رکھے۔ اسلامی ممالک پر آپ کی جو نظرِ کرم ہو رہی ہے اس سے صاف پتہ چلتا ہے کہ آپ بہت جلد مشرف بہ اسلام ہونے والے ہیں۔ میں اس سے پیشتر آپ کو مذہب اسلام کی چند خوبیاں بیان کر چکا ہوں۔ اگر آپ اس سعادت سے مشرف ہو چکے ہیں تو فوراً تین شادیاں کر لیجیے۔ اگر چچی جان بقیدِ حیات ہوں۔ اپنے یہاں کی مشہورا یکٹرس عشرت جہاں ببو کو نے تیار کر لیا ہے۔ آپ کی پہلی شادی (بشرطیکہ آپ کنوارے ہوں) اسی پاکستانی خاتون سے ہونی چاہیے۔ اس لیے کہ وہ کئی شوہروں کا تجربہ رکھتی ہے اور پینا پلانا بھی جانتی ہے۔ فی الحال شادی شدہ ہے لیکن میں اس سے کہوں گا تو اپنے پانچویں یا چھٹے شوہر سے طلاق حاصل کر لے گی۔

ہاں چچا جان، یہ میں نے کیا سنا ہے، آپ کی ریٹا ورتھ روس جا رہی ہے، خدا کے لیے اسے رد کیے، اس نے سر آغا خان کے صاحبزادے پرنس علی خان سے شادی کی تھی۔ مجھے اس پر کوئی اعتراض نہیں تھا لیکن اس کا روس جانا مجھے بالکل اچھا نہیں لگتا۔ مجھے حیرت ہے کہ آپ نے ابھی تک اس شریر عورت کے کان کیوں نہیں اینٹھے۔

اس کے روس جانے کی خبر مجھے کامریڈ سبطِ حسن نے بڑے فخر و ابتہاج سے سنائی تھی۔ کم بخت زیرِ لب مسکرا رہا تھا جیسے آپ کا مذاق اڑا رہا ہو اور یہ حقیقت ہے کہ اگر ریٹا روس چلی گئی تو آپ کا اور میرا دونوں کا ایسا مذاق اڑے گا کہ طبیعت صاف ہو جائے گی۔

کہیں یہ سیماب صفت ایکٹرس مالنکوف سے شادی کرنے تو نہیں جا رہی۔ اگر یہی سلسلہ ہے اور اس میں آپ کی کوئی سیاسی چال ہے تو کوئی مضائقہ نہیں۔ دوسری صورت بہر حال بہت ذلّت آفریں اور خطرناک ہے۔

آج کے اخباروں میں یہ بھی لکھا تھا کہ ریٹا کے خلاف اپنی اور شہزادہ علی خان کی بچّی

یاسمین اور بڑی لڑکی (معلوم نہیں یہ کس خاوند سے ہے) صحیح طور پر پرداخت نہ کرنے کے الزام میں مقدمہ چل رہا ہے اور یہ دونوں لڑکیاں عدالت کی تحویل میں ہیں ۔ ریٹا مغربی فلوریڈا میں ہے جہاں حکومت اس کے چوتھے شوہر کو ملک بدر کرنے کی کوشش میں مصروف ہے ... یہ قصّہ کیا ہے؟ میں نے احمد راہی سے پوچھا تھا لیکن وہ گول کر گیا۔ اس کی باتوں سے البتّہ میں اپنی خداداد ذہانت سے اتنا معلوم کر سکا کہ یہ سب روسیوں کی کارستانی ہے، میری سمجھ نہیں آتا کہ آپ ابھی تک خاموش کیوں ہیں؟

میں تو آپ کو یہ رائے دیتا ہوں کہ ریٹا کے چوتھے خاوند کو جو سنا ہے، کہ موسیقار ہے وہاں پھانسی پر لٹکا دیں یا اسے ایٹم بم، ہائیڈروجن بم بنانے کے راز روس کے پاس بیچنے کے الزام میں ماخوذ کر کے عمر قید کی سزا کا حکم سنا دیں، اور ریٹا کو فوراً یہاں بھیج دیں اور اس سے کہیں کہ وہ ہمارے مسٹر سہروردی کو پھانس کر اس سے شادی کر لے۔ اس کے بعد وہ مولانا بھاشانی سے ازدواجی رشتہ قائم کر سکتی ہے، پھر شیر بنگال چودھری فضل حق صاحب بھی خدا کے فضل و کرم سے موجود ہیں اور مشرقی پاکستان کے وزیر اعلیٰ مقرّر ہیں ان تین بڑوں سے یکے بعد دیگر طلاق لینے کے بعد وہ خواجہ ناظم الدین (سابق وزیرِ اعظم) سے رجوع کر سکتی ہے، زندہ رہا تو میں بھی حاضر ہوں، لیکن اس شرط پر کہ آپ میری مالی امداد با قاعدگی سے کرتے رہیں ۔

آپ کے اخبارات کی اطلاع ہے کہ اقوام متحدہ میں ہمارے پاکستان کے مستقل مندوب پروفیسر اے، ایس بخاری کو شعبہٴ اطلاعات کے افسر اعلیٰ کا عہدہ پیش کیا جا رہا ہے میں نے تو یہ سنا تھا کہ ظفر اللہ کو علاحدہ کر کے، بخاری صاحب کو وزیر خارجہ مقرّر کیا جائے گا۔ مگر معلوم ہوتا ہے کہ آپ انہیں مستقل طور پر اپنے پاس ہی رکھنا چاہتے ہیں ۔

بخاری صاحب کو میں اچھی طرح جانتا ہوں ۔ ان کو مجھ سے بہت پیار ہے، جس کا اظہار وہ ہر پانچویں یا چھٹے برس کے بعد کسی نہ کسی انداز سے کرتے رہتے ہیں ۔ آپ تو صرف اتنا جانتے ہوں گے کہ وہ انگریزی زبان کے بہت بڑے جادو بیان مقرر ہیں لیکن میں ان کو مزاح نویس کی حیثیت سے بھی جانتا ہوں ۔ ان کا مشہور مضمون ''لاہور کا جغرافیہ'' ہے جسے پڑھ کر بڑے بوڑھوں کے اس قول کی صوفی صدتصدیق ہو جاتی ہے کہ لاہور لاہور ہے اور بخاری

بخاری۔

ان سے کہیے کہ وہ آپ کے امریکہ کا بھی جغرافیہ لکھیں تا کہ آپ کے حدودِ اربعہ سے تمام دنیا اچھی طرح واقف ہو جائے۔ اس کا روسی زبان میں ترجمہ کرا کے ماموں مالنکوف کو ضرور بھیج دیجئے گا۔

لکھتا میں بھی اچھا ہوں، لیکن مصیبت یہ ہے کہ آپ کے گھر کی مرغی بن کر دال برابر ہو گیا ہوں۔ ورنہ میں آپ کی شان میں ایسے ایسے قصیدے لکھ سکتا ہوں جو "نوائے وقت" کے حمید نظامی کے فلک کو بھی سوجھ نہیں سکتے۔ ایک مرتبہ مجھے اپنے یہاں بلائیے۔ دو تین مہینے اپنی سات آزادیوں کی مملکت کی سیر کرائیے پھر دیکھئے یہ بندہ آزاد آپ کی تمام خفیہ صلاحیتوں اور خوبیوں کا اعتراف کن جاندار الفاظ میں کرتا ہے۔ مجھے یقین ہے کہ آپ اس قدر خوش ہوں گے کہ میرا منھ ڈالروں سے بھر دیں گے۔

جاپان کے سائنسدانوں نے ایک اعلان میں اس بات کا انکشاف کیا ہے کہ ہائیڈروجن بم کا موسم پر بھی اثر پڑتا ہے۔ حال ہی میں آپ نے جزائر مارشل میں اس بم کے جو تجربے کیے تھے، ان لوگوں کا کہنا ہے کہ جاپان کے موسم پر ان کا یہ اثر پڑا ہے کہ اپریل ختم ہونے کے باوجود وہاں اچھی خاصی سردی ہے۔ معلوم نہیں ان چپٹ جاپانیوں کو سردی کیوں پسند نہیں۔ ہم پاکستانیوں کو تو بہت پسند ہے۔ آپ مہربانی کر کے ایک ہائیڈروجن بم ہندوستان پر پھینک دیں۔ ہمارے ہاں گرمیوں کا موسم شروع ہو چکا ہے۔ سردی ہو جائے تو میں بڑے آرام میں رہوں گا۔

ریٹا سے پوچھئے اگر وہ مان جائے تو پاکستان میں اس کی پہلی شادی مجھی سے رہے۔ جواب سے جلد سرفراز فرمائیے گا۔

آپ کا تابع و فرمان بردار بھتیجا

سعادت حسن منٹو

۱۳۱؍ لکشمی مینشنز، ہال روڈ، لاہور

۲۶؍ اپریل ۱۹۵۴ء

محمد اسلم پرویز

پاکستانی چچا منٹو کے نام
ہندوستانی بھتیجے کا ایک خط

پاکستانی چچا منٹو صاحب
السلام علیکم!

مجھے یقین ہے پاکستانی کہہ کر مخاطب کرنے پر آپ قطعاً حیران نہیں ہوں گے لیکن مشرف عالم ذوقی جیسے لوگ یہاں البتہ پریشان ہو جائیں گے اور یہ بھی ممکن ہے کہ پاکستان کے فتح ملک اور ان کے ہندوستانی ایڈیشن ریوتی سرن شرما خوشی سے بغلیں بجانے لگیں کہ آپ کو پاکستانی بنانے اور ثابت کرنے پر ہر دو حضرات مصر رہتے ہیں۔ اب میں کیا کہوں؟ آپ کی قومیت کو لے کر سرحد کے دونوں طرف ایسی چورنگی بخشیں جاری ہیں کہ دم بولا گیا ہے۔ میں آپ کو پاکستانی اس لیے کہہ رہا ہوں کہ خود آپ نے بھی اپنے آپ کو متعدد بار پاکستانی کہہ کر tag کیا ہے۔ ورنہ سچی بات تو یہ ہے کہ آپ جیسے افسانہ نویس کو ہندوستانی یا پاکستانی کہنا کہاں تک درست ہے؟

خیر اس قصے کو چھوڑیے۔۔۔

مملکتِ خداداد میں آپ جب تک رہے خود کو پاکستان کا بڑا افسانہ نگار سمجھتے رہے اور حکومت آپ کو پاکستان کا اتنا ہی بڑا فحش نگار۔۔۔ خدا آپ کی تربت کو ٹھنڈی رکھے، مجھے یہ تو نہیں پتہ اب آپ کی اپنے بارے میں رائے کیا ہے لیکن آج آپ برصغیر کے ہی نہیں دنیا کے بڑے افسانہ نگار

جانے اور مانے جاتے ہیں اور مزے کی بات یہ ہے کہ حکومتِ پاکستان اب آپ کو فحش نگار نہیں سمجھتی۔ قبلہ ذرا سوچیے اگر فحش نگار سمجھتی تو ''ستارۂ پاکستان'' جیسے باوقار اعزاز سے کیونکر نوازتی ...؟ چچا جان مجھے پتہ ہے سب سے بڑا یہ حکومتی اعزاز پا کر آپ قطعاً خوش نہیں ہوئے ہوں گے۔ اور کیوں ہوں؟ جب تک آپ بقیدِ حیات رہے حکومت نے کبھی آپ کو کسی اعزاز یا انعام سے سرفراز کیا اور نہ ہی کوئی مالی امداد یا وظیفہ عنایت کیا۔ کتنا جی چاہتا تھا آپ کا کہ آپ کی جوبلی منائی جائے اور اس کے لیے چچا سام سے کتنے چونچلے بگھارے آپ نے، سفارش کروائی، لیکن انعام و اکرام اور وظیفے سب آپ کے لیے دورکے ڈھول ہی رہے۔ یہ سب سچ! لیکن چچا جان اسی کے ساتھ یہ بھی تو سچ ہے کہ آپ کو یہ اعزاز دے کر حکومتِ پاکستان نے ثابت کر ہی دیا کہ فنکاروں کی قدردانی سے وہ غافل نہیں۔ اب وہ بھی کیا کرے ایک تو آپ نے مرنے میں اتنی جلدی مچائی، دوسرے کہ جو آپ سے زیادہ حقدار تھے ان کی فہرست اتنی لمبی تھی کہ آپ کی باری اس وقت آئی جب آپ کو مرے لگ بھگ ساٹھ سال پورے ہو چکے تھے۔ ... خیران ساٹھ سالوں پر لعنت بھیجیے اور یہ سوچ کر خوش ہویے کہ آخر آپ کے کفن پر ٹانکے گئے ''ستارۂ پاکستان'' نے ثابت کر دیا کہ اوپر والے کی طرح پاکستان میں بھی دیر ہے اندھیر نہیں۔ اب یہ نہ کہیے گا کہ دیر ہی سب سے بڑی اندھیر ہے۔ مجھے آپ یہ بتائیں چچا جان جب اس اعزاز کی خبر آپ نے سنی تو آپ کا پہلا ردِّعمل کیا تھا؟ کیا خوشی سے آپ کی بانچھیں کھل گئیں تھیں یا پھر درد کے کسی گہرے کنویں میں دبی ہوئی کوئی مسکراہٹ آپ کے ہونٹوں پر ابھر آئی تھی، یا پھر یہ سنتے ہی کوئی پنجابی برانڈ گالی آپ کے پیٹ کے اندر سے اٹھی اور زبان کی نوک پر آ کر رک گئی تھی؟ اور اگر رکی تھی تو کیوں؟ کیا پنجابی گالیاں دینے کی اجازت جنت میں نہیں ہے؟

چچا جان اس حقیقت سے تو آپ کا دشمن بھی انکار نہیں کر سکتا کہ گزشتہ دہائیوں میں آپ کی ٹی آر پی کا گراف ہمارے ملک کی مہنگائی اور کرپشن کی سی تیزی سے بڑھا اور چڑھا ہے۔ جہاں دیکھو آپ کی تحریروں کا چرچا ہو رہا ہے اور جہاں نہیں دیکھو وہاں بھی آپ کے نام کا ہی بینڈ باجا بج رہا ہے۔ آخر بیالیس سال آٹھ ماہ چار دن کی زندگی میں آپ نے ایسا کیا لکھ دیا کہ لوگ گزشتہ ساٹھ ستّر سال سے آپ کی لکھی ہوئی لکیروں کو ہی پیٹ رہے ہیں۔ کوئی اس لیے پریشان ہے کہ آپ جیسا لکھنے

والاان کی زبان میں کیوں پیدا ہوگیا تو کوئی اس لیے کہ منٹوان کے یہاں کیوں نہیں؟ لیکن اصل بات
تو یہ ہے کہ آپ کے بعد کوئی دوسرا منٹو نہیں ملا... نہ ہمیں، نہ انہیں... اس نہ ملنے پر مجھے نہ حیرت ہے
نہ ہی افسوس... میں یہ سمجھتا ہوں اور سمجھ کر چلا ہوں کہ آپ نے اب تک اپنے افسانوں اور کرداروں
سے جو تقدس توڑوار کیے ہیں، اس کی چوٹوں سے ہمارا ادب اور عدالت دونوں بلبلا رہی ہیں، اور ابھی
تک ان چوٹوں کو سہلا رہی ہے، چنانچہ اوپر والا اب کوئی دوسرا منٹو دے کر ہمیں مزید آزمائش میں ڈالنا
نہیں چاہتا۔ یہاں اس سوال کا پیدا ہونا لازمی ہے کہ آپ کی اس قبولیت اور مقبولیت کے پیچھے چچا
جان کوئی اسٹنٹ تو نہیں...؟ مجھے تو کبھی کبھی شک بھی ہوتا ہے (اپنے اس شک کے لیے مجھے معاف
کریں) کہیں آپ نے چچا سام سے کہلوا کر کسی امریکی پی آر ایجنسی کو تو سیٹ نہیں کر لیا ہے، یقیناً کیا
ہوگا۔ ایک عام اور غلط خیال آپ کے حامیوں اور حواریوں نے آپ کے تعلق سے لوگوں میں پھیلا
رکھا ہے کہ یہ سارا کرشمہ فن افسانہ نگاری کے ان اسرار و رموز کا ہے جو آپ کے سینے میں موجود تھا۔
اصل میں وہ نہیں جانتے کہ یہ آپ کے فن کا کمال نہیں چچا سام کی شخصیت کا جمال ہے۔ چچا منٹو! آپ
نے چچا سام کے ساتھ ایک زمانے میں جو خطوط بازیاں کی تھیں یہ اسی کا کمال ہے کہ آپ ان کے سر پر
چڑھ بھی گئے اور دل میں اتر بھی گئے۔ بس یہ اسی چڑھنے اور اترنے کا جادو ہے کہ آپ کی بری کہانیوں
کو بڑی کہانیوں کا درجہ مل رہا ہے۔ پاکستان میں آپ کے وہ افسانے جو نصاب کی ڈیوڑھی کے باہر
کسی اچھوت کی طرح کھڑے تھے اب انہیں نصاب میں داخل کرنے کے بارے میں غور کیا جا رہا
ہے اور اس ضمن میں پیش رفت بھی ہو چکی ہے۔ آپ کو جان کر خوشی (؟) ہوگی کہ آپ کا افسانہ ''نیا
قانون'' پاکستانی نصاب میں شامل کر لیا گیا ہے۔ یہ سچ ہے کہ اپنے پسندیدہ اخلاقی و معاشرتی
معیاروں کے مطابق اسے فٹ کرنے کے لیے نصاب کمیٹی کے افسروں اور نیم افسروں نے افسانے
میں کچھ کانٹ چھانٹ ضرور کی لیکن خوشی کی بات تو یہ ہے چچا جان کہ گمراہی پھیلانے والی آپ کی
تحریریں اب راستی اور سلامتی کی ترغیب دیں گی۔ یہی نہیں اس کے بعد ہمارے گھروں کی وہ نیک
بیبیاں جو آپ کے افسانوں سے کل تک پردہ کرتی تھیں اب براہ راست روبرو ہو سکیں گی۔ گویا
''بہشتی زیور'' پڑھنے والی ان نیک پروینوں کے لیے آپ کے افسانے اب نامحرم نہیں رہیں گے اور
یوں آپ ان کے بھی محبوب اور مقبول افسانہ نگار بن جائیں گے۔ ہے نا اچھپ ٹلا بات؟

مجھے یاد ہے ایک امریکی ادیب اسکارٹن کولاڈول کی فحاشی کے مقدمے سے بری ہو جانے کا اظہار آپ نے کس والہانہ شیفتگی کے ساتھ کیا تھا۔ مجھے یہ بھی یاد ہے کہ جج نے اپنے فیصلہ میں سچائی کو ادب کے لیے جائز قرار دیا تھا تب خوشی سے مغلوب ہو کر تو آپ نے خودکشی کا ارادہ تک ترک کر دیا تھا۔ اپنے افسانوں پر چلنے والے مقدموں کے باعث جس ذہنی و روحانی ذہنیت سے آپ دو چار بلکہ چار آٹھ ہوئے تھے اس تناظر میں یہ ردّعمل بالکل فطری تھا۔ لیکن چچا جان یہاں جس حقیقت کی طرف میں آپ کی توجہ چاہتا ہوں وہ دوسری ہے۔

میں اپنی بات اس خط سے شروع کرتا ہوں جس میں آپ نے امریکن عورتوں کی ملین ڈالر ٹانگوں کی تعریف کرنے کے بعد چچا سام کو مطلع کیا تھا کہ آپ کے یہاں یعنی پاکستان میں مرد صرف اپنی بیویوں کی ہی ننگی ٹانگیں دیکھتے ہیں۔ چچا جان اس سے میں، آپ یا کوئی بھی اندازہ لگا سکتا ہے کہ ہم کس معاشرے میں جی رہے ہیں۔ مجھے آپ سے یہ شکایت ہے کہ جہاں عورتیں شوہروں کے علاوہ کسی اور کے سامنے اپنی ٹانگوں کی نمائش کرنا afford نہیں کر سکتیں، ایسے برقعہ بند سماج میں آپ نے اپنی تحریروں میں ان عورتوں کی فتنہ سامان ٹانگوں اور سینوں کی صفات کو ریشہ ریشہ کھول کر بیان کر دیا۔ چلئے صاحب! یہ عورتیں تھیں...مردوں کی کھیتیاں، لیکن پاکستان تو مردوں کی کھیتی نہیں۔ (وہ چچا سام کی کھیتی ہے اور اس وقت سے ہے جب سے اس نے آنکھیں بھی پوری طرح نہیں کھولی تھیں) لیکن ادیب کے کردار اور سماجی ذمہ داری کے منصب کو نبھانے کی جھونک میں آپ نے پاکستان کی ٹانگوں کو نہ صرف کھول کر نمایاں کر دیا بلکہ ان کے ڈراؤنے اور گھناؤنے پہلوؤں کو بھی کیسے مزے لے لے کر بیان کیے... کیا یہ ٹھیک تھا؟؟ آپ نے یہ بھی نہیں سوچا کہ اس کا ہمارے نئے اور آنے والے ادب پر کیا اثر پڑے گا...؟ تسلیم! اپنے ہم پیالہ ہم نوالہ دوستوں (فرشتوں؟) کے موندن کی رسم آپ بڑے سلیقے سے ادا کی لیکن پورے کہ پورے ملک کو اپنے استرے کے نیچے لے آنا کسی بھی صورت لائق تحسین نہیں ہو سکتا۔

وہ ساری گندگی جنہیں موریوں سے باہر نکالا جاتا ہے چچا جان اسے آپ نے ادب کے صفحات پر پھیلا دیا۔ ادب کی اس سے بڑی توہین کیا ہو سکتی؟ میں پریس انچارج چودھری محمد حسین جیسے نیک خیال بزرگ کی بات نہیں کر رہا ہوں جن کی روح آپ کے افسانے پڑھ کر کانپ

اٹھتی تھی۔ میں مولانا عبدالماجد دریا آبادی کی بھی بات نہیں کر رہا ہوں جنہوں نے آپ کے مرنے پر ہونے والے غم و سوگ کے اظہار پر تلملا کر کہا تھا کہ ایک فحش نگار کے مرنے پر اتنا ماتم کیوں کیا جا رہا ہے؟ میں کسی راجہ محمود آباد، ماہر القادری اور حکیم حیدر بیگ کی بھی بات نہیں کر رہا ہوں کہ یہ سبھی نیک طینت اور ثقہ طبعیت بزرگ مذہبی اخلاقیات کو ادب پر منطبق کرنے کے خواہاں اور کوشاں تھے۔ میں تو فیض احمد فیض کی بات کر رہا ہوں، بے شک انہوں نے آپ کو فحش نگاروں کے ڈبے میں سوار نہیں کیا لیکن زندگی کے مسائل کا تسلی بخش تجربہ بھی آپ کے افسانے میں انہوں نے نہیں پایا۔ اپنی تمام ترقی پسندی اور روشن خیالی کے باوجود آپ کی بے باکی کو انہوں نے قبول نہیں کیا۔ اور تو اور بلراج مین را کے بقول مشاعروں میں ''ابھی تو میں جوان ہوں'' لہک لہک کر پڑھنے والے حفیظ جالندھری تک کو آپ کے حوالے سے یہ کہنا پڑا

وہ بے حجاب سہی، میں بے حجاب نہیں

چلیے آپ کہیں تو میں حفیظ جالندھری کو بھی حجاب میں رکھتا ہوں اور عزیز احمد، سردار جعفری، احتشام حسین، آل احمد سرور، خلیل الرحمٰن آعظمی، باقر مہدی، وزیر آغا... جیسے ادیبوں اور ناقدوں کی بات کرتا ہوں، خدا ان سب کو کروٹ کروٹ جنت نصیب کرے، یہ تو ہمارے ادب میں لبرل ذہن کے بہترین نمائندہ ہیں۔ ان لوگوں نے تک آپ کو غلاظت نگار اور مریضانہ ذہنیت کا علمبردار اور الگ الگ موقعوں پر آپ کے قلم سے نکلے افسانوں کو مخرب الاخلاق، فحش اور جنس زدہ گردانا۔ لیکن صاحب! داد دیجیے حکومتِ پاکستان کو، جس نے اس سب کے باوجود آپ کو نصاب میں شامل کرنے کا جرأت مندانہ فیصلہ کیا اور اس کے لیے اگر افسانے میں کچھ کانٹ چھانٹ کی تو اس میں آخر مضائقہ کیا ہے...؟ پاکستان میں کانٹ چھانٹ کی تاریخ اتنی ہی پرانی ہے جتنا کہ خود پاکستان ہے... یاد ہے آپ کے زمانے میں ہی راگ راگنیوں تک کو شرعی لباس پہنانے کی کوشش کی جا رہی تھی۔ ہندی راگوں کو بدل کر فارسی جامے زیب تن کروائے جا رہے تھے۔ کہتے ہیں ریڈیو پاکستان میں جب کوئی گائیک ٹھمری میں ''بانہہ نہ پکڑو کرشن مراری'' گانے لگا تو کچھ سرکاری افسران کو اچانک احساس ہوا کہ مملکت خدا داد میں کرشن مراری نہ قابلِ قبول ہے نہ قابلِ برداشت... اس لیے اسے فوراً روک دیا گیا اور کرشن مراری کو کان پکڑ کر نکالا گیا، اور آناً فاناً اس کی جگہ ''عبدالباری'' کو رکھ دیا گیا۔ جن لوگوں نے

کرش مراری کو''بانہہ نہ پکرو عبدالباری'' کرنے کا فیصلہ کیا تھا سنا ہے نصابی کمیٹی میں ان کے ہی جائز وارثوں کو حکومت نے نامزد کیا ہے۔ دیکھئے چچا جان صاف اور سیدھی دو باتیں ہیں ایک تو یہ کہ عبدالباری کو بانہہ نہیں پکڑنی چاہئے تھی اور دوسری یہ کہ تہذیب وتمدن اور سوسائٹی کی چولی اتارنے کا کام آپ نے نہیں کیا، نہ سہی اسے پہنانے کا کام تو کرنا چاہئے تھا...وہ بھی آپ سے نہیں ہوا۔ اخلاقی فرائض کو زک دینے اور تہذیب کو تاراج کرنے کا جو کام آپ زندگی بھر کرتے رہے اس کا سدِ باب ہی تو اب حکومت پاکستان کر رہی ہے۔ اس کی وسیع القلبی کا اندازہ اس سے کیجئے کہ آپ کے افسانوں کو obscenity کی چھتری سے نکالنے کے لیے وہ ان لوگوں کی خدمات حاصل کر رہی ہے، جو اس فن میں یکتا ہیں۔ لیکن اس کے باوجود کراچی میں رہنے والے آپ کے ایک اور بھتیجے اجمل کمال حکومتِ پاکستان اور نصاب کمیٹی پر کافی ناراض اور نالاں ہیں۔ یہ تو چھلنی میں ڈال کر سوپ میں اڑانے والی بات ہوئی۔ انہیں تو خوش ہونا چاہئے اور خدا کا شکر بجا لانا چاہئے بلکہ جو چیز بھی بجانے لائق ملے اسے بجانا چاہئے کہ مذہبی مملکت کے باوجود حکومت سعادت حسن منٹو کو اپنا امتیاز مان رہی ہے۔ حکومت جسے آپ زندگی بھر حماقت کا دوسرا نام کہتے رہے اسی نے حکمت سے کام لیا اور بعد ازمرگ آپ پر کوئی مقدمہ نہیں ٹھونک دیا۔ آپ حکومت کو نہیں جانتے وہ چاہے تو افسانوں پر اتنے مقدمہ ٹھونک سکتی ہے جتنے آپ نے لکھے نہیں ہیں۔ خیر مناؤ کہ حکومت آپ کو منانے کے موڈ میں ہے اور اسی لیے آپ کی تحریروں سے غیر ضروری گھٹیا اور فحش چیزوں کو کانٹ چھانٹ اور دھو پونچھ کر نصاب میں چڑھانے کا فیصلہ کر رہی ہے۔ میں تو کہتا ہوں اگر آپ کے اجمل کمال جیسے نام نہاد بھتیجوں نے غلط افواہیں پھیلانے، کمیٹی والوں کو بدظن کرنے کی کوشش نہیں کی اور ان کا کام خوش اسلوبی سے انہیں کرنے دیا تو وہ دن دور نہیں جب علامہ اقبال (جنہیں آپ اکثر مرحوم اقبال کہا کرتے تھے) کے اشعار کی طرح آپ کے افسانوں سے بھی مملکت خداداد کی صبح، دوپہر اور شام میں گونجا کرے گی۔ ہر سال یومِ منٹو اسی طمطراق سے منایا جائے گا اور اٹھتے بیٹھتے آپ کے نام کی گردن ہوتی رہے گی۔ پاکستان کی جن شاہراہوں پر ٹینک اور توپوں کی شمبیں ہیں ان کے روبرو آپ کے مجسمے نصب کیے جائیں گے۔ مجھے معلوم ہے یہ سب دیکھ کر بھی آپ کا دل ملول ہی رہے گا (ویسے آپ اس غلط فہمی میں نہ رہیں کہ یہ آپ کو خوش کرنے کے لیے کیا جا رہا ہے) لیکن اس وقت پتہ نہیں کیوں مجھے آپ کی لکھی ہوئی کچھ سطریں

یاد آرہی ہیں:

''میں سوچتا ہوں گر میری موت کے بعد میری تحریروں پر ریڈیو لائبریریوں کے دروازے کھول دیے گئے اور میرے افسانوں کو وہی رتبہ دیا گیا جو مرحوم اقبال کے شعروں کو دیا جا رہا ہے تو میری روح سخت بے چین ہوگی۔ میں اس بے چینی کے پیشِ نظر اس سلوک سے بیحد مطمئن ہوں جو اب تک مجھ سے روا رکھا گیا ہے۔''

اصل بات یہ ہے کہ چچا جان کہ آپ اپنے چچا یعنی چچا سام سے کچھ بھی نہیں سیکھ پائے۔ آپ میں وہ ساری چچاؤں والی خوبیاں بدرجہ اتم موجود ہیں جو چچاؤں میں ہونی چاہئے۔ اس اجمال کی تفصیل میں آگے چل کر پیش کروں گا لیکن آگے بڑھنے سے پہلے یہ بتادوں کہ آپ کو یہ خط اس لیے لکھ رہا ہوں کہ آپ کو اپنے ملک کا گزشتہ ساٹھ ستر سال کا لفافہ کھول کر سناؤں... جی ہاں! وہی ملک ایک دن جسے اچانک آپ چھوڑ کر چلے گئے تھے۔ کیوں...؟ بلونت گارگی کہتے ہیں کہ پاکستان کی سیاسی حرامزدگیوں کا پردہ فاش کرنے لیے آپ وہاں گئے تھے۔ جب کہ آپ کے ترقی پسند دوست احمد ندیم قاسمی کا خیال ہے کہ پاکستان کی محبت سے سرشار ہو کر آپ یہاں تشریف لائے تھے، مجھے نہیں پتہ کہ اس میں کون سی بات صحیح ہے اور کون سی غلط، ہندوستانی بھتیجا ہونے کی حیثیت سے میں تو بس یہ سوچتا ہوں کہ حرامزدگیوں کو فاش کرنے کے لیے وہاں جانے کی کیا ضرورت تھی، سیاسی حرام زادے یہاں تعداد میں کم تھوڑے ہی ہیں، گنے بیٹھیں گے تو ایک دو پر ہی نکلیں گے۔ خیر یہ سب بائی دے وے ہے، چچا جان ویسے میں نے سنا تھا کہ گاندھی جی کی موت پر آپ کافی دکھی تھے۔ پہلی بات تو یہ کہ کیا واقعی گاندھی ایسا بندہ تھا کہ اس کی موت پر دکھی ہوا جائے؟ وہ بھی لاہور میں بیٹھ کر... اور پھر میں نے یہ بھی سنا کہ آپ گاندھی کی موت سے اتنے دکھی نہیں تھے جتنے اس کی موت پر امرتسر، گوالیار اور ممبئی میں بٹنے والی شیرنی سے آزردہ تھے۔ چچا جان اس ایک ساعت شیریں نے آپ کو اس قدر دکھی کر دیا تھا؟ حیرت ہے... ہمیں دیکھئے ہم ہر روز گاندھی کا قتل کرتے ہیں اور ہر بار مٹھائی تقسیم کرنے کی سعادت بھی حاصل کرتے ہیں اور یہ سلسلہ 30 جنوری 1948 سے مسلسل جاری ہے۔ گویا وہ ساعت شیریں ڈھل ڈھلک کر اب برسوں میں تبدیل ہوگئی ہے۔ چچا جان کلینڈر میں تاریخ کا شاید ہی کوئی

ایسا چوکھٹا بچا گا جب گاندھی قتل نہ ہوا ہو اور مٹھائی تقسیم نہ کی گئی ہو۔ بڑے پیمانے پر گاندھیوں کو قتل کرنے اور تھوک کے بھاؤ سے مٹھائیوں کو تقسیم کرنے کی وجہ سے ہمارے یہاں بیشتر افراد شکر کے مریض ضرور ہو گئے ہیں لیکن ساتھ ہی اس عمل کی مسلسل مشق اور قواعد نے ہماری رگ رگ اور پور پور کو راشٹر یتا کے جذبوں سے اس قدر بھر دیا ہے کہ موقع بے موقع وہ جھلکتا اور چھلکتا رہتا ہے۔ ممکن ہے یہ سن کر آپ پا کی ہنسی ہنسنے لگیں جس میں امریکی تڑکا موجود ہو لیکن چچا جان یہ ایسا موضوع ہے جس پر دکھی ہونے یا طنز کرنے کی آپ کو ضرورت نہیں۔

چچا جان کیا آپ کو پتہ ہے ہم نے بھارت میں سیکولر ڈیموکریسی ایجاد کر لی ہے۔ دو سچ کو ساتھ رکھنے سے ایک بڑا جھوٹ کس طرح کھڑا کیا جاتا ہے اس کی مثال سمجھانے کے لیے سیکولر ڈیموکریسی کام آتی ہے اور بہت کام آتی ہے۔ سیکولر ڈیموکریسی کا ایک مطلب یہ ہوتا ہے کہ ماتھے پر تلک ہو تو بھارت میں سیمنٹ اور گارے سے لکھی ہوئی تاریخ کے کسی بھی گنبد پر سوار ہو کر ہم اسے دھوست کر سکتے ہیں اور قوم کے نام پر کسی کو بھی آٹنگ وادی یعنی کہ دہشت گرد ثابت کیا جا سکتا ہے اور کسی بھی عورت پر بلاتکار کیا جا سکتا ہے۔ وہ دن لد گئے جب ہندوستان میں نچلی ذات کے لوگوں کے گلے میں ہانڈی لٹکی ہوتی تھی اور کمر پر جھاڑو بندھی ہوتی تھی۔ اب ہمارے ملک میں یہ منظر دکھائی نہیں دیتا لیکن اس کا یہ مطلب نہیں ہے کہ اب یہاں نچلی جاتیاں اونچی ہو گئی ہیں۔ نچلی جاتیاں بھی ہیں اور جھاڑو اور ہانڈیاں بھی ہیں ... لیکن جادو یہ ہے کہ دکھائی نہیں دیتیں۔

چچا جان اس حقیقت کو آپ تسلیم کریں نہ کریں لیکن حقیقت یہی ہے کہ آپ چچا سام کے اتنے بھتیجے نہیں ہیں جتنے وہ آپ کے چچا ہیں۔ صرف آپ کے ہی نہیں وہ تو پوری تیسری دنیا کے چچا ہیں بلکہ تیسری چوتھی پانچویں اور ان ساری دنیاؤں کے بھی جو ابھی عالم وجود میں نہیں آئی ہیں۔ ظاہر ہے چچا سام جیسا لائف ٹائم دبنگ چچا جس کے پاس ہو اس کا دشمن اگر خود کو عراق سمجھنے لگے تو اس میں کیا غلط ہے۔ اگر اوپر والے نے غلط دیشوں میں پٹرول دیا ہے تو اس غلطی کو سدھارنے کے لیے ہم دنیا والوں کو چچا سام بھی تو عطا کیا ہے جو پٹرول والے دیشوں کا تیل نکال سکے۔ ہر کوئی جانتا ہے کہ چچا سام کے ہاتھ کتنے لمبے ہیں اور یہ بھی ہر کوئی جانتا ہے کہ اگر ان کے ہاتھ جتنے کے لمبے ہیں اگر اس سے بھی لمبے ہوتے تو یہ دنیا اور بھی بڑی ہوتی، جتنی کہ ہے۔ ان کے ہاتھوں کی دبنگائی کا راز اس میں

نہیں ہے کہ ان کے ہاتھ کس دیش کے گریبان تک پہنچ سکتے ہیں بلکہ ان کی دبنگائی کا جواز اس میں ہے کہ کتنے دیش اپنا گریبان انہیں آفر کرتے ہیں کہ ’’آؤ ہمارا گریبان پکڑو...‘‘ اس میں لطف کا دوسرا پہلو یہ ہے کہ اس قطار میں کئی ایک بے گریبان دیش بھی شامل ہیں۔ لیکن جیسا کہ جاننے والے جانتے ہیں کہ چچا جان ہر ایرے غیرے نتھو خیرے کا گریبان نہیں پکڑتے۔ جن کے گریبان چچا سام کے شکنجہ کرم سے آزاد ہوتے ہیں وہ ان کے ہر فیصلے اور اٹھائے گئے ہر قدم پر چھینٹا کشی کرتے ہیں۔ یہ حرکتیں وہی لوگ کرتے ہیں جن کا نہ کوئی چچا ہوتا ہے اور جو خود نہ کسی کے چچا... یہی بے چچا بے بھتیجہ لوگ آپ کے چچا جان کو بدنام کرنے کی سازشیں کرتے رہتے ہیں۔ کہتے ہیں کہ ناگا ساکی اور ہیروشیما کو بم سے آپ کے چچا نے اڑایا ، ویتنام اور کمبوڈیا پر حملے بھی انہوں نے کرائے ، افغانستان میں ہزاروں لوگوں کو امریکہ نے ہی مار گرایا ، لیبیا پر میزائل بھی چچا سام ہی داغ رہا ہے۔ مشکل یہ ہے کہ یہ لوگ صرف ایک رخ ہی دیکھتے ہیں اور یہ بھول جاتے ہیں کہ جس آسمان سے میزائل گرائے ہیں اسی آسمان سے نوڈلس ، کریڈیٹ کارڈ ، چھوٹی بڑی کاریں ، ہیومن رائٹس کے نعرے ، انٹرنیٹ کا جال ، ایڈیس ، پولیوشن ، مونوریل ، ٹی وی ، پرنت نئے کھیل چہار رنگی اخبار مسالے دار اشتہار ، و یا گرا کی گولیاں ، پالی تھن کی تھیلیاں ، برگر اور پیٹیٹو چپس ، چلی ، ساس کے پیکٹ کے ساتھ بلیٹ پروف جیکٹ بھی تو چچا سام نے ہی گرائے ہیں ۔

وہ لوگ بھول جاتے ہیں کہ جہاں پانی تک میسر نہیں تھا وہاں آپ کے چچا کے طفیل آج منرل واٹر کی نہریں اور کوکا کولا کی لہریں موجود ہیں۔ ہمارے ملک کی گزشتہ ساٹھ ستر سالہ ترقیات کا جائزہ لینے کے لیے چچا جان کسی پلاننگ کمیشن کی رپورٹ یا منصوبات کے بلیو پرنٹ دیکھنے کی ضرورت نہیں ، نہ ہی سرکاری پرچوں افسروں اور لیڈروں سے رابطہ قائم کرنے کی ضرورت ہے، بلکہ یہ سال بہ سال ہونے والے گھوٹالوں اور scam کی رقم ہی ان ترقیات کی بلند پروازیوں کا منہ بولتا ثبوت ہیں۔ آج اگر ملٹی نیشنل کمپنیاں چھٹے سانڈ کی طرح ہندوستان کے کھیتوں ، کھلیانوں ، تالابوں ، میدانوں ، جنگلوں ، پہاڑوں ، دریاؤں اور سمندروں میں گھوم رہی ہیں، یہ کس کا جلوہ ہے؟ آج فلم اسٹاروں سے لے کھلاڑیوں تک حزب اقتدار سے لے کر حزبِ مخالف کے لیڈروں تک کو، کارپوریٹ گھرانوں نے اپنے pay role پر چڑھا رکھا ہے، یہ کس کا کرشمہ ہے؟ صرف اور صرف آپ کے چچا جان کا... دستور

، پارلیمنٹ، قانون، تاریخ، تعلیم، تہذیب، ثقافت، زبان، کلچر، فلم، ادب، میڈیا، سب یا تو آپ کے چچا کے داغی غلام ہیں یا کان پکڑی باندیاں ...

چچا جان آپ کے جانے کے بعد برصغیر میں اقتدار کے کتنے ہی مراکز بدلے لیکن سماجی و سیاسی حالات سرحد کے دونوں طرف جوں کہ توں قائم ہیں۔ زمینیں تو ہم لوگوں نے بانٹ لی اور اپنے اپنے قومی پرچم بھی لہرا دیے ہیں، لیکن کھینچ تان کا سلسلہ ہنوز جاری ہے۔ اس کھینچ تان نے دونوں دیشوں کے فوجیوں، کھلاڑیوں، بیروکریٹوں، ادیبوں، فلم کاروں اور سماجی و سیاسی رہنماؤں کو مصروف کر رکھا ہے۔ جس کشمیر سے والہانہ محبت آپ کو تھی وہ آج بھی دونوں دیشوں کے قومی ضمیر کا سوال بنا ہوا ہے۔ اگر خدا نہ کرے یہ مسئلہ حل ہو گیا تو دونوں ملکوں کے وزیرِ داخلہ اور وزیر خارجہ اس قدر بے کار ہو جائیں گے ان کے پاس کشمیر کے موسموں کے بارے میں بات کرنے کے علاوہ کوئی موضوع ہی نہیں رہے گا۔

امید ہی نہیں مجھے پورا یقین ہے کہ میرا یہ خط آپ کو ضرور ملے گا۔ اس کی دو وجہیں ہیں، پہلی تو یہ کہ اسے میں فیڈرل ایکسپریس سے بھیج رہا ہوں اور دوسری وجہ سن کر ممکن ہے آپ بے ہوش ہی ہو جائیں۔ (یاد دلا دوں کہ اپنے نکاح کے علاوہ اپنی ماں اور بچے کی موت پر آپ بے ہوش ہوئے تھے) لیکن مرنے کے بعد یہ آپ کی پہلی بے ہوشی ہوگی جب آپ یہ سنیں گے کہ چچا سام کو لکھے آپ کے خطوط کو بالا بالا اڑا لے جانے والا روس آنجھانی ہو چکا ہے۔ جی ہاں! مجھے معاف کریں میں نے روس کے لیے آنجھانی کا لفظ استعمال کیا ہے۔ کیونکہ اب اردو میں مسلمان کی حیثیت سے مرنے والے کو ہی مرحوم کی ڈگری ملتی ہے، غیر مسلمان کے لیے آنجھانی لفظ وضع کیا گیا ہے۔ یہی حال ہندی کا بھی ہے، وہاں ہندوؤں کے لیے سورگ باشی کہا جاتا ہے جب کہ غیر ہندو سورگ کے نہیں پرلوک باسی کہلائے جاتے ہیں۔ جیسا کہ آپ اور ہم سب جانتے ہیں کہ روس نہ ہندو تھا نہ مسلمان ... اس لیے آنجھانی اس کے لیے موزوں بھی ہے اور مناسب بھی ... ہمارے یہاں اب ترقی پسند نہیں نظر آتے حالانکہ ترقی کو پسند کرنے والے رجعت پرست بڑی تعداد میں موجود ہیں ... لیکن وہ سرخے جو کبھی مزدور کے ہاتھوں کے قصیدے اور خدا کے مرثیے پڑھا کرتے تھے اب خود تاریخ کے صفحات کی پچھوند بن کر رہ گئے ہیں۔

چچا جان ایک بات کے لیے آپ کی تعریف کرنے ہی پڑے گی آپ نے سام کو چاچو اور روس کو ماموں بنا یا کسی کو ماموں بنانا اسی کو کہتے ہیں۔ سنجیدہ باتوں کا غیر سنجیدہ اسلوب میں بیان کرتے کرتے آپ نے کس قدر غیر سنجیدگی کا اظہار سنجیدگی سے کیا ہے۔ یہ حقیقت ہے یا وہما، لیکن لوگ کہتے ہیں دن کو بھانجہ کہانی سننے کو ضد کرے تو ماموں راستہ بھول جاتا ہے۔ مجھے شک ہی نہیں یقین ہے کہ روس کے بھٹکنے، بہکنے اور بکھرنے میں ضرور اس کہانی کا ہاتھ ہوگا جو دن دہاڑے آپ نے سنی یا سنائی ہوگی۔ یہی وجہ ہے کہ ماموں بننے کے کچھ برسوں بعد ماموں ہی نہیں رہا لیکن سوچنے والی بات یہ ہے کہ آپ بھی تو نہیں رہے۔ چچا جان کیا یہ سچ ہے کہ ماموں بنانے کا محاورہ آپ نے ہی وضع کیا تھا؟

آگے راستہ نہ پا کر جس باجو کی گلی سے آپ پاکستان چلے گئے تھے آدھی صدی سے زیادہ وقت بیت جانے کے باوجود وہ اسی طرح قائم ہے۔ ہاں اس بیچ پچک کر اور سنکری ہوگئی ہے۔ اتنی سنکری کہ اس باجو کی گلی سے کبھی فرید کوٹ پنجاب سے کوئی دہشت کلانچیں بھرتا ہوا بمبئی چلا آتا ہے تو کبھی کوئی جاسوس امرتسر سے زقند لگا کر فیصل آباد اور لاہور کی گلیوں میں پہنچ جاتا ہے۔ ان دہشت گردوں اور جاسوسوں پر سرحد کے ایک طرف قصیدے پڑھے جاتے ہیں اور شہید و غازی کے نام سے یاد کئے جاتے ہیں، تو دوسری طرف وہ ذلیل و خوار ہوتے ہیں۔ غرضکہ ٹیٹوال کے کتے کی ہی کہانی ہے جو ابھی تک دونوں طرف کھیلی جا رہی ہے، اس خونی کھیل کے بیچوں بیچ نو مینس لینڈ پر کھڑا بشن سنگھ اپنا ٹوبا ٹیک ڈھونڈتا رہتا ہے۔ او پڑ دی گڑ گڑ اینکس دی بے دھیانا دی دال آف دی لالٹین ...

خیر اس قصّے کو بھی چھوڑ ئیے ...

مگر چچا جان چھوڑنے سے قصّے کہاں چھوٹتے ہیں ...؟

خدا حافظ ...

آپ کا ایک ہندوستانی بھتیجا